저널리즘 선언

저널리즘 선언

개혁이냐, 혁명이냐

바비 젤리저·파블로 J. 보즈코브스키·크리스 W. 앤더슨 지음

신우열·김창욱 옮김

오월의봄

"들어보라: 빌리 필그림은 시간에서 풀려났다."

—커트 보니것,《제5도살장》

저널리즘의 장기혁명을
알리는 조종(弔鐘)

정준희
한양대학교 언론정보대학 겸임교수

어쩐지 자세를 고쳐 앉고 읽어야 할 것 같은 제목,《저널리즘 선언》. 폴리티 출판사의 '선언 시리즈' 최신판이다. 역사상 가장 충격적이고 심대한 영향을 끼친 소책자라고 할 수 있을, 카를 마르크스의《공산당 선언》에 대한 일종의 오마주. 저명한 저널리즘 학자들이 이런 선언문을 써내려가야 할 만큼 우리 언론을 포함한 세계 언론계 일반이 심대한 변화의 기로에 서 있음을 새삼 확인케 한다.

저널리즘으로 하여금 '개혁 혹은 혁명'의 길을 걷지 않을 수 없도록 이끈 위기 현상과 그를 둘러싼 담론은 진작부터 있어왔다. 웹의 전면화가 이뤄진 뉴밀레니엄을 기점으로 지난 20년간 우리 언론학계에서 '저널리즘의 위기'라는 제목을 달고 개최했던 굵직굵직한 학술 세미나만 해도 물경 수백 번

은 될 법하다. 나 스스로 발표자나 토론자로 참여했던 것만
해도 대략 수십 번이 넘는다. 하지만 위기의 극복은 묘연하
다. 이렇게 마냥 깊어지기만 하는 위기라면, 애초에 이걸 '위
기'라고 진단한 것 자체가 타당했던 것일까, 의구심이 들 정
도다. 그저 무저갱無底坑(바닥이 없는 구덩이)으로의 끝 모를 추
락만 있을 뿐, 어쩌면 언론은 패망하거나 혁신하지 않고 그
냥 매번 그 위치에서 그에 맞는 방식으로 생존할지도 모를
일이다. 이 책의 저자들이 제시하는 개혁의 길과 혁명의 길
가운데 어느 하나를 저널리즘 기관과 저널리스트들이 목적
의식적으로 선택하지 않더라도, 그들이 '먹고사는 방식'으로
서의 저널리즘은 그냥 그렇게 지속될 수도 있다는 말이다.

  그러나 사회적 권위를 통해 민주주의의 정상적 작동에
기여하는 신뢰할 만한 정보기구로서의 전문적 저널리즘, 즉
우리가 그렇게 알고 있거나 그렇게 해주리라고 기대하는, 우
리 언론학자들이 학생들을 가르치고 사회에 이야기하는 저
널리즘은 이미 상당 부분 사라지거나 조만간 찾아보기 어렵
게 될 것임은 거의 분명하다. 저자들은 그 이유를 저널리즘
제도가 사회와 접속되는, 번역자들의 용어를 빌리자면 이미
'적실성relevance'을 상실한, 내 용어로 바꾸자면 더 이상 사회
와 '조응'하지 않게 되어버린, 세 개의 '인터페이스'를 통해 설
명한다. 저자들은 자신들의 설명이 보편적일 수 있을지 조심
스러워하지만, 애초부터도 우리 사회의 시대적 요구로부터

저널리즘 선언

상당 부분 탈구되어 있던 한국 저널리즘 현실에서 이 설명의 적실성은 오히려 더 적나라하게 확보된다.

먼저, 저널리즘이 선호해온 **정보 출처**로서의 '엘리트' 자체가 이미 사회적 권위를 거의 상실해버렸다. 민주주의의 '이상적 형태'가 아닌 '실존적 형태'로서의 대의민주주의는 엘리트가 사회 구성원에 의해 존중받거나 최소한의 대표성을 지녀야 작동할 수 있는데, 그 엘리트 시스템이 상당 부분 흔들리고 있다. 세계 곳곳에서 대의민주주의가 파열음을 내고 있는 건 당연한 결과이다. 그런데도 저널리즘은 여전히 이 엘리트 정보 네트워크를 벗어나려 하지 않는다. 사회적 정보 수요와 저널리즘의 정보 공급이 엇박자를 내고 있다.

다음으로, 엘리트들로부터 수집한 '가치 있는 정보'를 저널리즘이 **적절히 처리해내는 방식**으로서의 '규범'은 껍질만 남았지 실천의 유의미한 지침이 되지 못한 지 오래다. 저널리즘은 스스로가 그 엘리트의 일원일 수 있다는 소위 '전문직 저널리즘'의 환영에 여전히 사로잡혀 있는 듯한데, 객관성, 균형성, 중립성, 정확성 등으로 표방되어온 직업 규범은 고작해야 신생 저널리즘의 부족함을 공격하는 데에만 쓰일 뿐 스스로를 전혀 규율하지 못한다.

마지막으로 이들이 처리한 **정보의 최종적 도달지**로서의 '수용자'는 이미 저널리즘으로부터 등을 돌렸다. 기성 저널리즘은 독자가 그냥 당연히 따라붙는 존재인 것으로 '가정'

했다. 엘리트로부터 얻은 정보를, 엘리트인 자신들이 선별하여 제시하면, 대중 독자들이 그걸 그대로 수용할 거라고 전제하고 움직였다. 하지만 그건 단지 내용물의 생산과 전달을 담당하는 매체가 소수에 의해 과점될 수밖에 없었던 시대의 산물일 뿐이다. 딱히 별다른 대안을 갖고 있지 못했던 수용자들이 그런 매체를 우회할 통로와 더 흥미로운 즐길 거리를 갖게 되자 일말의 주저함도 없이 떠났다.

저널리즘이라는 일종의 사회제도가 정작 그것이 마주해야 할 사회로부터 유리되어 허공에 떠도는 존재가 되었음을, 바로 그곳에 저널리즘 위기의 근원이 있음을 피력하는 저자들의 의견에 십분 동의한다. 물론 저널리즘이 사회와 맞물려 돌아가는 지점, 그로써 자신의 '존재 이유'를 입증하는 거점을, 위에서 언급한 세 가지로 특정하는 것에 대해서는, 학술적으로든 실천적으로든 여러 이견이 있을 수 있다. 이를테면 (저자들은 나름 명확한 이유로 제외한 것 같지만) 경제적 토대로서의 시장(혹은 비시장)과 정보 처리 수단으로서의 매체 테크놀로지(문자에서부터 텔레비전 수상기에 이르기까지)의 사회적 매트릭스에 대한 고찰이 더해졌으면 더욱 풍부한 설득력을 지녔을 듯하다. 저널리즘이 현재 맞고 있는 위기와 앞으로 선택해야 할 개혁 혹은 혁명의 진로를 결정지을 더 중요한 변수라고 나는 보기 때문이다.

그럼에도 저널리즘이 실질적으로 '고려하는' 수용자가,

일반 독자가 아니라, 자신들이 정보를 의존하는 엘리트, 다른 저널리즘 기업과 그 종사자, 그리고 광고주라는 사실에 주목할 필요는 있다. 저널리즘이 더 이상 우리 사회의 작동 방식과 어울리지 않음은 물론, 그것의 개선을 이끌기는커녕 도리어 발목을 잡는 것처럼 비치게 된 이유가 거기에 있는 까닭이다. 요컨대 저널리즘은 자유주의와 민주주의로 대표되는 사회 진보의 산물이었고 그 진전을 가속시키기도 했던 시절이 있었으나, 지금은 오히려 사회의 진전에 어울리지 않거나 도리어 역행하는 면모를 보이게 되었음을 냉정하게 직시하고 솔직하게 인정해야 한다.

저자들은 저널리즘이 만약 '개혁'을 생각한다면, 자기 자신의 토대를 이루는 자유주의와 민주주의에 대해 더 선명한 입장을 가져야 한다고 말한다. 트럼프처럼 형식적 민주주의 절차로 선출된 지도자라고 하더라도 그의 언행이 민주주의와 자유주의의 실질적 내용을 위배한다면, 저널리즘은 객관성, 균형성, 공정성이라는 형식적 규범에 스스로를 옭아매기보다, 그 선출 권력의 반자유주의적이고 반민주적인 행태를 비판하는 '선명한 입장' 위에 서는 것이 필요하다는 뜻이다. 이를 두고 정파성과 편향성을 들먹이는 게 오히려 저널리즘을 죽이는 길이다. 저널리즘은 자신을 만들어낸 이념과 정치체제 '안에서' 작동해야 하고, 그것의 개선을 이끄는 데에서 존재 의의를 갖는다.

나 역시 '민주주의에 다시 기여하는 방향으로 철두철미하게 갱신된 자유주의'가 필요할 수 있다고 주장한 바 있다. 노파심에서 말하자면 이 책이든 나든 여기서 이야기하는 자유주의는 요즘 한국에서 부쩍 강조되는 자유 개념과는 꽤 거리가 있다. 그런 자유는 고작해야 '반공'의 다른 말일 뿐이어서, 고대 그리스-로마식 소규모 공화정의 운영원리로서 잠시 존재했던 민주주의를 발달된 대규모 사회의 자기통치 메커니즘으로 부활시켜낸, 사회 진보의 견인차로서의 역사적 자유주의의 가치를 우스꽝스럽게 만든다. 저널리즘이 현대 민주주의의 '파수꾼' 역할을 자임하려면, 그리고 사법, 대학 등의 리버럴 기관들이 다시 사회적 정당성을 회복하려면, 성찰 없는 자유주의가 아니라, 당대의 민주주의에 충실하게 재결합된, 더 진보된 자유주의가 필요하다. 저널리즘은 초기 자유주의의 계몽적 열정이 만들어낸 산물이며, 저널리즘의 시대적 정당성은 각 시기에 조응하도록 진보적으로 재정향된 자유주의에 의해 확보됐다.

　하지만 나는 솔직히 개혁보다는 혁명 쪽에 그나마 더 가능성과 희망을 둔다. 저자들도 말하듯 폭력혁명 같은 것을 염두에 두는 게 아니다. 어차피 망할 거 그냥 다 뒤엎어보자고 주장하는 것 역시 아니다. 근본적으로는, 자유주의의 진지한 철학적, 정치학적 옹호자들이 최근 잇따라 성찰하듯, 기존 자유주의의 틀 안에서 우리 사회의 민주적 개선을 꾀하기는 매우 어려울 수 있기 때문이다. 좀 더 특수하게는, 한국 사회의 자유주의와 민주주의가 서구적 사회 진보의 역사적 경험과는 사뭇 다른 굴곡진 길을 걸어왔던 탓이다. 자유주의의 진보적 갱신을 도모하기엔 우리 사회 리버럴 기관들의 토대가 너무 약하다. 예컨대 자유주의의 역사적 성취에 의해 조율된 공화주의를 지향하고, 생태주의를 품은 새로운 사회경제적 모형을 모색하면서, 아예 새로운 토대를 만들어가는 것이 오히려 더 현실적이고 창의적일 수 있다.

그런 혁명은 필연적으로 장기혁명long revolution일 수밖에 없다. 레이먼드 윌리엄스가 말했듯 문화는, 우리가 제아무리 조급함에 이끌리더라도, 장구함을 특성으로 하기 때문이다. 저널리즘은 그런 문화의 일부이다. 선언이 혁명을 이끌어내지는 않는다. 선언은 장구한 변화의 서막을 알리는 구시대의 조종弔鐘일 따름이다.

서문

2018년 늦가을, 폭풍우가 몰아치던 런던의 어느 일요일 아침. 폴리티 출판사의 메리 새비거가 우리 중 한 명을 찾아와 '뉴 매니페스토 시리즈'의 저널리즘 관련 책 집필을 의뢰했다. 그날부터 이 책의 최종 원고를 제출한 2021년 봄까지 우리 개개인의 삶에는 물론 전 세계적으로 많은 일이 벌어졌다. 우리는 매혹적인 대화와 침묵의 시간을 반복하며 글을 썼다. 누군가가 휴식이 필요할 때면, 다른 누군가가 나서서 작업을 주도했다. 서로의 생각을 헤아려 문장을 끝맺어줄 정도로 서로를 뒷받침했다. 우리 각자가 가진 다양한 관점은 작업에 생기를 불어넣었고, 우리는 그 다양성을 통합해 집필을 마무리했다. 우리는 이 책의 원고를 소중히 여기지만, 그보다 더 소중한 것은 우리의 우정이다.

우리를 전폭적으로 지원하며 인내해준 폴리티 출판사의 메리, 스테파니 호머, 엘런 맥도널드-크래머. 이보다 더 나은 편집팀은 없을 것이다. 폴리티 출판사의 요청에 유용한 피드백을 준 익명의 리뷰어들에게도 고마운 마음을 전한다.

마지막으로 덧붙이고 싶은 말이 있다. 지난 십수 년간 우리 각자가 학계의 동료, 언론인, 정보원, 일반 시민과 나눈 대화가 이 책의 밑거름이 되었다. 우리의 저널리즘에 관한 지식과 사고방식의 상당 부분이 이 대화의 결과물이다. 이 책이 여러분 각자가 우리에게 가르쳐준 것에 대한 보답이 되길, 그리고 다시 새로운 대화를 이끌어내길 기대한다.

차례

1장

저널리즘, 이상과 현실 사이

언론학계는 뉴스와 뉴스 생산자가 주변으로부터 분리된 사회제도 안에 존재한다고 가정해왔다. 전 세계에서 널리 따르는 언론 관행, 언론계 안팎에서 칭송하곤 하는 언론 가치와 규범 등은 언론 작동 방식에 관한 관점을 단순하고 균일하게 만들고 유지시켰다. 언론학자들의 전반적인 지지에 힘입어 이 관점은 독립적 제도로서의 언론과 그 사회적 역할을 수호하면서 동시에 언론은 의심할 여지없이 중요하다는 가정을 만들어냈다. 존재의 이유와 가치, 역할을 단정하고 옹호하는 이 욕망은 자신을 둘러싼 세계와 상관없다는 듯 유리되어 있는 언론의 현 상태를 특징짓는다.

이 선언서의 목적은 언론의 이상과 현실 사이의 거리를 좁힘으로써 언론을 자기가 속한 세계로 되돌리는 데 있다.

불안정성과 불확실성을 딛고 장래의 발전을 꿈꾸고 싶다면, 언론은 지난 영예에 안주하기를 멈추고 제도적 경계 너머에 있는 것들과의 관계를 재설정해야만 한다. 또한 사회에 어떤 식으로 개입할 수 있을지, 무엇을 우선순위에 둬야 하는지 등 언론 제도의 기본값을 문제시함으로써 사라져버린 사회와의 관련성을 회복시켜야 한다. 이러한 과정 없이 저널리즘에 미래는 없다.

제도를 기반으로 한 사회질서의 한계

"제도institution* 각각은 분리되어 있지만 평등하다separate but equal**." 후기 근대의 서구, 북반구 사회의 자유주의 국가

---

*   본문에서 저자들이 사용하고 있는 '제도'는 사회제도를 지칭한다. 사회제도는 인간이 사회를 살아가는 데 필요한 기본적 틀로서 사회 구성원들의 사고, 행동, 더 나아가 서로 간의 상호작용을 일정한 방향으로 이끌어주는 (동시에 제한하는) 조직화된 관행 및 절차를 의미한다. 즉, 한 사회의 구성원이 된다는 것은 그 사회제도의 영향을 받아들이며 살아간다는 것을 의미하며, 구체적인 예시로 가족제도, 교육제도, 종교제도, 정치제도, 경제제도 등이 있다. 본문에서 저자들은 이러한 '사회제도로서 저널리즘'이 가지는 기능과 이상 그리고 현재 봉착한 문제들에 대해 논지를 펼쳐나간다.
**   이 말은 후술되는 초기 근대성 이론가들이 제시한 전문화된 사회제도를 통해 운영되는 사회에 대한 비전을 나타낸다. 즉 정치, 경제, 종교, 미디어 등의 사회제도 각각은 전문화되고 분업화된 기능을 사회 내에서 담당하기 위해 내부적으로 다른 제도와 구별된 규범, 기준, 혹은 법률 등을 가져야 함과 동시에, 사회제도들 간의 관계는 평등해야 사회의 안정성과 발전이 보증된다는 주장이다.

들에서 제도에 관해 생각해온 방식이다. 이 분리주의적 사고 방식은 제도란 그 목적을 이루기 위해 사회와 분리된 채 자기 스스로 작동해야 한다는 생각을 세계 곳곳에 고착시켰다. 그런데 근래 들어 이 통념을 깨는 현상들이 벌어지고 있다. 저널리즘 제도가 그 실례다. 초기 근대성 이론가들은 제도에 대한 장대한 비전을 제시했었다. 제도들이 사회질서를 유지시키고 안정성을 촉진하며, 사회적 행위를 위한 권위 있는 지침을 제공하고 행동을 조정하며, 사회구조를 지탱하고 무질서를 관리하고 규율할 것이라고 본 것이다. 하지만 제도들을 집합적 차원에서 보면 이 비전을 받아들이기가 쉽지 않다. 지속적으로 독립적이라고 주창해온 각 제도는 사실 자신을 둘러싼 환경, 특히 다른 제도들과 상당 수준 상호의존적이기 때문이다.

그런데도 제도에 관한 이러한 사고방식은 제도가 실제로 자리 잡는 과정에 직접적으로 영향을 미쳤다. 제도는 특정한 활동 및 관계는 적절하고 상상 가능한 것으로 포함시키는 반면, 이에 반하는 것들은 시야 바깥으로 밀어내는 것을 특징으로 하는 사회적 형식이다. 이 포함과 배제의 규칙을 통해 제도는 지원하고자 하는 집단의 기반을 공고히 한다. 규칙, 역할, 의례, 관습, 규범 등은 제도를 구성하는 요소들인데, 이 요소들은 틀과 체제를 갖춤으로써 일련의 사회 활동들을 조화롭게 만든다. 하지만 정치, 교육, 군대, 시장 등의 각 제도는 현실에서의 조건만큼이나 상상의 조건에 따라 기능하기도 한다. 특정 제도에 관한 상상력의 범위가 너무 협소할 경우, 그 제도에 바탕을 둔 사고방식은 제한적일 수밖에 없다. 협소한 상상은 제도와 관련한 일상적인 실제 행위와 따로 놀기 일쑤여서 제도의 잠재력을 심각하게 약화시킬 수 있다.

하지만 제도적 상상의 특징은 외풍에 굴하지 않는다는 것이다. 제도적 상상은 현실성 없는 목표로 가득 차 있을 때가 많은 데다가 흠 없는 것처럼 가장하기 때문에 종국에는 오해를 불러일으킨다. 대중을 식별 가능하고 안정적인 존재로 상정하는 개념, 도전 앞에선 낮아지는 기대감, 변화에 대한 저항, 일률적으로 적용되는 행동 기준, 공동체와 연계되지 않은 전문성, 사실상 지킬 수 없는 윤리 강령, 대표성 없는 규범 등이 제도적 상상 안에 포함되어 있다. 이 상상들은 모두 사실상 실제적으로 입증된 적 없는 방식으로 제도 내에서 기능함으로써 현실 세계에 무질서를 초래한다. 제도적 상상은 미완의 기획으로서 중도 폐기되고 있다는 점에서 더욱 치명적이다. 21세기 사회적 삶의 특징으로서 여러 차별적, 배타적 관행이 전 세계에서 지속되고 있는 점, 그리고 이에 대항하는 마음이 모여 사회에 격변을 일으키고 있다는 점이야말로 제도를 기반으로 한 사회질서가 갖는 한계를 드러내는 증거라 할 수 있다.

혼란스럽기는 저널리즘 제도도 마찬가지다. 예컨대,

'#BlackLivesMatter'*나 '#MeToo' 등의 운동이 뉴스룸 안에 인종적·성차별적 관행이 실재한다는 사실을 드러내고 변화를 촉구했음에도 기성 언론사들은 여전히 이를 인정하지 않는 모양새다. 이러한 혼란의 상당 부분은 저널리즘 제도의 작동 방식에 관한 상상의 부작용에서 비롯한다. 이 현실성 없는 상상은 자율성autonomy, 중심성centrality, 응집력cohesion, 영속성permanence에 대한 환상에서 시작된다.** 이 네 가지 환상은 주로 높은 사회적 지위를 가진 서구 및 북반구의 선진국 백인 남성 사상가들에 의해 확립되었다. 개인의 지적 충동에 기반한 선호와 염원이 담겨 있기 때문일까? 이 사상가들이 그린 사회제도에 대한 이론적 밑그림에는 대안을 모색할 여지가 거의 없다.

---

*   '흑인의 생명도 소중하다 운동'은 2012년 미국에서 흑인 소년을 죽인 백인 방범 요원이 이듬해 무죄 평결을 받고 풀려나면서 시작된 흑인 민권운동이다. 흑인에 대한 과도한 공권력 사용에 항의할 때 사용되는 시위 구호로도 사용되고 있다.

**   자율성, 중심성, 응집력, 영속성은 사회제도의 필요성을 뒷받침하는 근거이자 사회제도의 원활한 운영을 위한 기준을 나타내는데, 저자들은 이것들이 환상이라고 주장한다.

자율성 : 각각의 사회제도는 사회 내에서 제 역할을 하기 위해 다른 제도와 구별되는 독립적 영역과 체계를 획득해야 한다는 환상.

중심성: 한 사회, 특별히 복잡하고 고도로 분화된 근대사회의 경우 사회제도를 중심으로 사회가 운영되어야 한다는 환상.

응집력: 한 사회의 안정적인 운영과 통합, 즉 사회 각 구성원 간의 결속력과 응집력을 만들어내기 위해서는 제도가 필요하다는 환상.

영속성: 한 사회가 지속성과 연속성을 가지기 위해서는 사회제도가 필요하다는 환상.

'제도는 자율적이다'는 환상

서구, 북반구의 후기 근대 자유민주주의 국가에서 제도를 학문적으로 고찰한 이들은 대부분 제도의 자율성을 사실로 간주한다. 정치, 시장, 교육, 언론 등의 제도들은 사회라는 공간을 공유하면서 대중의 관심을 얻고자 경쟁한다. 이때 각 제도의 주장은 사실상 대동소이한 논리에 기반을 둔다. 제 기능을 위해 독립성과 특수성을 실현시켜야 한다는 것이다. 한 제도는 사회에서 물질적·도덕적·문화적 권위를 가져야 다른 제도들과 구분된 상태를 유지할 수 있다. 결국 제도는 자율성을 추구해야만 그 정체성을 유지할 수 있다.

자율성을 긍정하는 태도는 제도 환경에서 내려지는 의사결정 과정의 대부분에 반영되어 있다. 제도가 현실 세계에 적절히 자리 잡는 데 사용되는 수단, 예컨대 윤리강령이나, 미션 선언문, 로고 곳곳에는 제도의 자율성이 암시되어 있다. '마땅히 따라야 하거나 따를 만한 본보기'라는 규범에 대한 정의가 하나의 사례다. 제도적 규범은 일련의 행위들을 따라야 할 것과 삼가야 할 것으로 구분하는데, 이때 제도의 독립에 도움이 되는 행위는 적절한 것으로, 그렇지 않은 행위는 부적절한 것으로 분류된다.

하지만 제도가 자율적이라는 생각은 편협한 사고방식을 만들어내는 환상에 불과하다. 현장에서 실제적 쓸모가 없는 종래의 관행을 따르는 경우가 적지 않다는 것만 봐도 그렇다. 또한 제도는 허점이 많고 불안정하기 때문에 위기가 닥쳤을 때 이랬다저랬다 하기 일쑤다. 제도에 대한 표준화된 관점이 만들어지는 데 핵심적 역할을 한 자유민주주의 국가에서조차 이런 모습이 관찰된다. 예를 들어, 티나 아스카니아Tina Askania와 재니 몰러 하틀리Jannie Moller Hartley는 저널리즘 제도의 자율성이 환상이라는 점을 스웨덴과 덴마크 언론을 비교 연구하여 드러냈다. 각 국가의 언론은 #MeToo 운동을 보도하면서 젠더 및 성차별 관련 폭력에 관하여 서로 상이한 태도를 취했다. 스웨덴 언론은 해당 이슈를 구조적이고 시스템적인 문제로 틀 지으면서 폭넓게 보도한 반면, 덴마크 언론은 남성에 대한 마녀사냥이자 과도한 정치적 올바름 캠페인이라는 식으로 비난하면서 빈약한 보도 행태를 보였다. 이런 상이한 반응은 스웨덴과 덴마크 각국의 사법 및 정치 제도권에서도 되풀이되었다. 제도가 자율적이었다면 맥락에 따라 이런 차이가 생겼을 리가 없다.

요컨대, 제도들은 자율적이지 않다. 그리고 제도들은 '제도는 자율적이다'라는 환상을 만들어내고 유지시키기 위해 타협하고 있다. 또 그렇기 때문에 한 제도에서 벌어지는 일은 도미노 효과를 일으킬 수도 있다. 즉, 제도들은 모두 같은 문화를 공유하고 있다는 점에서 각 제도의 설정은 인접 제도에서 벌어지는 일에 직접적인 영향을 받을 수밖에 없다.

'제도가 사회적 삶의 중심이다'라는 환상

자율성에 대한 인식은 '제도가 사회적 삶의 중심이다'라는 가정과 관련이 있다. 서구와 북반구에 기반을 두고 제도적 환경을 이론화한 이들은 사회의 기능을 위해서는 제도가 필수적으로 갖춰져야 한다고 간주했다. 이로써 레이먼드 윌리엄스Raymond Williams가 말한 것처럼 제도는 "사회의 모든 조직적인 요소를 지칭하는 표준적인 용어"가 되었다(1976, 169). 에버릿 C. 휴즈Everett C. Hughes는 "공동체 삶에 참여하는 것은 제도적 활동에 어떤 식으로든 참여하는 것과 다름없다"라고 주장하기도 했다(1936, 182). 이렇게 사회성은 사회가 존재하는 구조 속에 짜여 있는 제도들에 기반을 둔 무언가로 여겨지게 되었다.

그러나 사회란 다양한 형태와 크기로 존재하며, 그중 다수는 제도와 제도가 놓은 덫에 의존하기를 거부한다. 예를 들어, 라틴아메리카의 여러 국가들처럼 사회운동에 크게 의존하는 사회는 제도를 중심으로 한 전통적인 형태의 상호작용보다는 비제도적인 형태의 정치 참여에 권위를 부여하는 경향이 있다. 이때 사회운동은 다른 지역에서 제도가 수행하는 역할을 대신하곤 한다. 제도적 개입보다 공동체적 방식을 선호하는 사회도 있는데, 이런 곳에서는 제도의 역할 수행에 다른 활동 분야가 연루되기도 한다. 예컨대, 미국의 블랙 저널리즘black journalism* 역사는 오랫동안 저널리즘의 주문

呪文, mantra으로서 액티비즘activism을 예찬해왔다. 이런 사회운동적 추진력을 미국의 주류 언론은 노골적으로 불쾌하게 여겨왔다. 하지만 사라 J. 잭슨Sarah J. Jackson**의 주장처럼, 블랙 저널리즘은 바로 그 추진력 덕분에 번성할 수 있었다.

결국 제도의 중심성은 제도의 존재 목적이기보다는 기껏해야 자유민주주의 제도들이 공유하고 있는 상상 속의 목표를 규정하고 수행하는 수단인 것으로 보인다. 저널리즘 또한 사회의 중심에 위치한 제도이기보다는 스티브 리스Steve Reese(2021)가 말한 다양한 장소에 흩어져 있는 분산형 "하이브리드" 제도에 가깝다. 중심성이 환상임에도 불구하고 저널리즘 등 사회제도들은 투명성, 참여, 효율성, 공정성 등에 대한 기대를 만들어내면서 세상에 선호할 만한 사회적 정체성이 무엇인지를 인식시키고, 더 나아가 제도가 더 나은 공공 생활을 위해 존재한다는 생각을 고착시켜왔다. 제도는 이를

---

* 아프리카계 미국인 언론인들의 저널리즘 활동을 '블랙 저널리즘'이라고 통칭한다. 미국의 언론 역사에서 오랫동안 배제되어온 아프리카계 언론인들의 목소리와 그들이 주도한 언론사의 서사는 그 시작부터 액티비즘과 깊은 관련이 있다. 예컨대, 1847년 프레더릭 더글러스Frederick Douglass는 노예제 반대 운동의 일환으로 신문사 《더노스스타The North Star》를 창간했다. 또한 아프리카계 미국인의 평등, 특히 여성의 평등을 위해 평생을 바치며 19세기 후반부터 20세기 초반의 흑인 민권운동을 이끈 아이다 벨 웰스-바넷Ida Bell Wells-Barnett은 탐사보도 기자로서 당시 만연했던 '린치 사건'을 기사화하기도 했다.

** 미국의 펜실베이니아대학교 아넨버그 커뮤니케이션 스쿨 교수. 흑인, 페미니스트 등 미국 사회가 주변화해온 이들이 미디어와 저널리즘, 기술을 활용하여 사실상 미국 사회의 진보에 기여해왔다는 것을 학술적으로 입증하는 작업을 하고 있다.

위해 일련의 메커니즘을 사용하기도 한다. 예컨대 어빙 고프먼Erving Goffman이 "페이스 유지 활동face-work"이라고 부른 메커니즘은 후기 근대 사회의 핵심기제 중 하나로서 추상적인 개념과 시스템에 대한 신뢰를 만들어내고, 공공선을 위해 능력을 사용하는 것이 바람직하다는 생각을 확산시켰다.*

제도의 중심성이 환상이라는 점은 한때 안정적인 자유민주주의 기반을 갖췄었지만 지금은 그렇지 않은 곳에서 잘 드러난다. 민주주의 후퇴 현상이 일어난 국가들에서는 정부, 종교, 군사, 과학, 미디어, 의학, 법률 등의 제도들이 정기적·반복적으로 실효성과 문화적 권위를 상실하며 체계적으로 도전받고 있다. 헝가리가 일례이다. 2018년 헝가리 정부는 그 지역에서 가장 좋은 대학이라는 명성을 쌓아온 중앙유럽대학Central European University의 해체를 강도 높게 추진했다.** 제도의 중심성이 실제로 존재해서 사회의 작동이 제도들만으로도 충분했다면, 헝가리 등의 비자유민주주의 국가들에서 이렇게 양극화가 극심해지는 일은 없었을 것이다.

---

* 고프먼의 '페이스face'는 한국의 체면 혹은 위신과 유사한 개념으로 긍정적인 사회적 가치를 지니는 자아의 공적 이미지를 뜻한다. 페이스의 형성, 강화, 약화는 사회적 상호작용 속에서 결정된다. 따라서 행위자는 상호작용 과정에서 자신의 공적 이미지를 유지하고자 활동하는데, 여기에는 자신을 위한 작업뿐만 아니라 상대방을 위한 작업도 포함된다.

'응집력을 위해 제도가 필요하다'는 환상

사회제도의 자율성과 중심성에 관한 환상은 제도적 장場, field의 응집력에 관한 믿음과 닿아 있다. 19세기 후반 서구를 대표하는 문화사회학자 에밀 뒤르켐Émile Durkheim의 불화와 합의, 혼돈과 질서, "정상성"과 병리 등에 관한 유명한 주장***에 뿌리를 둔 이 믿음은 후기 근대의 서구 자유민주주의 제도에 관한 논의가 지속되는 데 큰 역할을 했다. 사회생활 중에서도 식별 가능하고 통제 가능한 측면에 유난히 관심을 보여온 사회학과 관련된 것으로, 응집력이란 개념은 학계

** 중앙유럽대학은 헝가리 출신 미국인 부호 조지 소로스가 사회주의 블록의 몰락에 따른 민주화 과정을 촉진하는 데 기여하고자 설립한 연구 중심 대학이다. 프라하, 부다페스트, 바르샤바 등지에서 다중 캠퍼스 형식으로 설립되었으나 1995년부터 헝가리의 부다페스트를 거점으로 삼아 운영되었다. 2017년 헝가리 의회는 고등교육법 개정안을 의결했는데, 이 개정안에 따르면 헝가리에 있는 외국 교육기관은 자국 본교에서도 동일 수준의 교육시설과 과정을 운영하고 있어야 한다. 이 개정안은 사실상 중앙유럽대학을 해체하기 위한 법안이라는 것이 중론이었는데, 당시 헝가리에 있는 외국 대학 중 본국—즉 미국—에 캠퍼스가 없는 대학은 중앙유럽대학이 유일했기 때문이다. 헝가리 정부 및 빅토르 오르반Viktor Orbán 총리는 해외에 캠퍼스가 없는 학교에서 헝가리 및 미국 대학 학위를 발급해주는 것이 대학 간의 공정 경쟁에 어긋나기 때문에 헝가리 현지 대학들의 경쟁력 강화를 위해 해당 조치가 필수적이라고 주장했다. 그러나 반정부 진영에서는 헝가리 정부를 비판하며 이를 시민단체를 지원해온 조지 소로스의 영향력을 차단하기 위한 포석이라고 봤다. 이 조치로 인해 헝가리에서 학문의 자유 논쟁이 촉발되었고 정부의 조치에 반대하는 운동이 광범위하게 펼쳐졌지만, 중앙유럽대학은 결국 2018년 오스트리아 빈 캠퍼스로 주요학사 업무를 이전했다. 한편, 1998년부터 2002년까지 보수적 연립 정부 수장으로서 처음으로 총리직을 수행한 오르반은 2010년에 다시 총리로 선출되었으며, 그 이후 2014년, 2018년, 2022년에 재선했다. 이 기간에 헝가리는 언론자유지수가 69계단 하락하는 등 민주주의가 퇴보하고 있다는 비판을 받고 있다.

가 제도의 형태를 그리는 데 핵심 역할을 했다. 예컨대, 찰스 테일러Charles Taylor는 현대성의 규범적 배경을 보다 넓은 시각으로 확립하면서 이렇게 적었다. "기본적인 규범적 원칙은 사회 구성원들이 상호적으로 서로의 필요를 충족시키고, 서로 돕는 …… 간략히 말해, 합리적이고 사교적인 생물로서 행동한다는 것이다. 새로운 규범적 질서의 요점은 사회를 이루는 개인들 간의 상호존중과 상호부조다"(2004, 12).

응집력은 주로 제도권 바깥의 특징으로 여겨져왔다. 하지만 제도에 영향을 미치는 모든 조건과 상태는 통합되어야 한다는 생각을 전제로 제도 내부에서도 응집력에 대한 열망이 생겨난다. 응집력은 제도가 루틴, 예측 가능한 관습, 관료제, 질서 있는 조정, 위계적 지휘 계통을 갖추고 이들을 토대로 번성할 수 있게 해준다. 제도의 각 차원이 질서정연하고 정형화된 방식으로 모양을 갖춘 뒤에는 안정성을 추구해야만 제도 내부의 응집력이 유지되는 것으로 간주된다.

응집력에 대한 이 통념적 사고는 나름대로 설명력을 가

*** 뒤르켐의 사회학은 개체성을 사회성으로 환원시키는 이른바 통일성의 질서 원리를 추구한다. 뒤르켐에게 개인은 개체성을 자유롭게 추구하는 개인이 아닌 항상 사회성의 한계 안에 머물면서 자신이 몸담은 사회를 숭배하는 개인이다. 그는 개체성의 증대를 현대사회의 불가피한 현상으로 보았지만, 그것을 사회성의 산물이라고 봤다. 예컨대, 뒤르켐은 사회 분업을 사회질서 또는 사회적 응집력을 약화시키는 현상으로 보기보다는 사회질서의 도덕적 기초로 봤다. 분업이 개인화를 촉진함에 따라 우리는 개인의 신념을 존중하는 신앙, 즉 개인주의를 갖게 되는데, 이 개인주의라는 도덕이 현대사회의 유기적 결속 관계의 유일한 기반이 될 수 있다는 것이다.

지고 있지만 제도적 지형에서 실제로 벌어지고 있는 일들을 전부 담아내지 못한다. 예를 들어, 현재 튀르키예, 폴란드, 짐바브웨, 미국, 러시아, 캄보디아, 베네수엘라를 포함하여 세계 모든 대륙에서 민주주의가 후퇴 중이다. 이 현상은 응집력과 안정이 머나먼 꿈임을 시사한다. 게다가 남반구 전역의 제도적 환경에서는 정체성의 공유를 실현하기 위해 통합을 우선시하긴 하나, 그 통합에 요구되는 응집력과 제도적 환상 속의 응집력은 유형이 다르다. 예를 들어, 아시아와 아프리카 대부분 지역에서 집단 행위는 정체성의, 그리고 때에 따라 저항의 핵심적인 요소를 이룬다. 이 구성원들이 공유하는 정체성은 사회성이 제도를 통해서만 구현되는 것이 아님을 방증한다.

불안정, 혼란, 혼돈 속에서 응집력은 어떻게 될까? 이 질문은 저간의 세상과 깊은 관련이 있다. 독재적·포퓰리즘적인 통치 경향, 파괴적이고 상상을 초월한 팬데믹, 장기간 지속 중인 인종차별과 여타 소외된 공동체에 대한 억압, 심화하고 있는 기후위기 등이 초래한 불확실성은 응집이라는 환상을 산산조각 내고 있다. 그리고 이에 뒤따르는 사회적 불안정성은 제도란 과연 무엇인지에 대한 본질적인 고민을 하게 만든다. 혼돈 속에서도 관리만 가능하다면 응집력이 발현할 것이라는 기대조차 없는 상황에서는 제도가 도리어 무질서를 조직해내는 환경으로 여겨지기 시작한다. 그렇다면 이때 제도는 도대체 무엇일까?

'제도는 영속할 것이다'라는 환상

의심받는 것은 사회제도의 자율성, 중심성, 응집력만이 아니다. 제도의 영속성 역시 실제로 성취된 것이기보다는 가능성에 불과해 보인다. 1936년으로 시계추를 되돌려보자. 에버릿 휴즈는 제도의 다양한 측면 중 영속성을 가장 의견의 일치를 보기 쉽다고 봤다. 그의 주장처럼, 서구적 자유민주주의 환경에서는 변화를 천천히, 진화적인 방식으로 나타나는 것으로 간주했다. 이에 따라 제도는 주로 통찰, 숙의, 신중함을 통해 적응하고 변형되는 것으로 이해되었다. 휴즈가 몸담은 시카고학파의 사회적 연속성 이해의 핵심인 이 관점은 제도가 안정적이고 신뢰할 만하다는 인식을 심는 데 기여했다. "제도는 정의상 사회생활의 보다 영속적인 특징이다"라고 확언한 앤서니 기든스Anthony Giddens(1984, 24)를 통해 알 수 있듯이, 제도적 환경의 특징으로서 영속성에 대한 지향은 수십 년이 지난 지금까지도 유지되고 있다.

그러나 이 관점이 제한적 가치를 가질 뿐이라는 사실은 현재 우리가 직면한 상황으로 인해 명확해진다. 첫째, 사회 내부에서 번성을 누리고 있음에도 불구하고 안정성 혹은 영속성을 찾아보기 힘든 제도가 다수 존재한다. 예를 들어, 아프리카와 라틴아메리카의 제도 다수는 견고성과 거리가 멀다. 이 제도들은 오히려 내구성에 대해 제기되는 문제와 지속적으로 씨름하며 작동하고 있다. 둘째, 제도적 변화는 다양하고 예측 불가능한 방식으로 나타나고는 한다. 정치, 군사, 교육, 경제 등의 제도는 사회적 변동에 대응하며 적응하는 한편, 상반된 추진력에 의해 변화가 지연될 때도 있다. 예컨대, 아킨 마보군예Akin L. Mabogunje의 설명처럼, 아프리카의 제도들은 "제도적 급진화insitutional radicalization"*(2000, 14011) 과정 속에서 식민주의 과거의 양면성을 동반하며 변화했다.

이 논의의 시사점은 무엇인가? 제도적 삶의 특징으로서 영속성은 더는 당연하거나, 지속 가능하거나, 동경할 만한 무언가로 정당화될 수 없다는 것이다. 오히려 변화야말로 존속을 위해 제도가 내재하고 있는 고유한 속성인지도 모른다.

저널리즘의 환상과 맹신

종합하자면, 이 네 가지 환상은 제도를 자신을 둘러싼 주변으로부터 유리시키며 제도적 혼란의 시발점이 된다. 저널

---

* '제도적 급진화'는 제도가 뿌리째 급격하게 변하는 과정을 설명한 개념이다. 나이지리아의 지리학자 마보군예는 아프리카의 여러 국가가 식민주의 청산을 위해 제도를 너무 급격하게 전환한 나머지 사회 구성원 대다수가 여전히 이미 전환된 제도적 구조, 즉 식민주의에 예속되어 있다고 보았다.

리즘에 있어서 이는 결국 저널리즘 제도가 저널리즘에 중요한 모든 이들—저널리즘 기술을 사용하여 뉴스를 만드는 이들, 뉴스거리를 제공하는 이들, 그 뉴스를 이용하는 이들 등—의 일상적 현실과 단절되는 결과를 초래한다. 이 혼란은 실제 현실에서의 조건이 언론인, 정보원, 수용자의 이상 속에서의 조건과 심각하게 다르다는 사실을 드러낸다. 학자들도 이 환상을 버리지 못하는 바람에 언론학 연구의 상당수가 저널리즘 관행이 편파적이고 현실을 대변하지 못한다고 문제를 제기하는 사람들의 마음을 끌지 못한다. 이뿐만이 아니다. 수익 감소, 신뢰도 급감, 이념적 스펙트럼을 가로질러 나타나는 정치 지도자들의 저널리즘을 향한 맹렬한 공격으로 특징지어지는 이 시대에 저널리즘의 미래를 비관하는 목소리가 계속되고 있는데, 이런 불안 속에서 제도로서 저널리즘이 가진 자율성, 중심성, 응집력, 영속성에 대한 암묵적 가정은 맹신으로까지 치닫고 있다.

저널리즘의 제도적 자율성 수준은 역사적으로 국가마다 다양했지만, 거의 보편적으로 저널리즘은 정치와 연루하고 있다. 한편으로는 언론사끼리, 다른 한편으로는 언론사와 온갖 이념적 성향의 관료, 정당, 기업 총수, 사회운동 사이에서 이러한 경향이 나타나고 있다. 이 패턴이 축적됨으로써 저널리즘은 자율적일 수 있고 자율적이어야만 한다는 생각을 침식해 들어간다.

현대사회의 일상적인 커뮤니케이션 지형에서 소셜미디어의 부상과 범용화는 기성 언론사들을 겸허하게 만들고 있다. 사건과 대중 사이에서 저널리즘이 수행해오던 최종 수문장gatekeeper으로서의 역할에 의구심을 품는 사람들이 늘고 있다. 소셜미디어는 또한 저널리즘의 부수적 능력인 의제 설정 능력을 약화시켰다. 한때 두려움의 대상이자 존경받는 제도였던 저널리즘. 저널리즘의 중심성은 날로 약해지고 있다.

수용자층의 분절화, 뉴스 보도의 양극화, 오보와 허위정보의 증가는 미디어 생태계의 응집력에 대한 환상에 결정타를 가했다. 이 환상은 이상화한 직업 문화를 설명한 저널리즘 교과서에 생생하게 반영되어 있지만, 오늘날 저널리즘 현장에 있는 이들의 실제적 일상과는 단절되어 있다.

영속성에 대한 긍정은 초창기 뉴스룸 민속지학 연구 전반에 나타나는 대표적인 정서다. 하지만 그 긍정마저도 게이 터크먼Gaye Tuchman(1978)과 허버트 갠스Herbert Gans(1979)가 각각 "전략적 의례strategic rituals"*와 "저널리즘적 준準이념

---

*   기자들이 편견이나 전문성 부족 등으로 비난받을 가능성을 줄이기 위해 취하는 제도적, 관행적 조치를 지칭한다. 저널리즘 사회학자 게이 터크먼이 제시한 개념으로, 터크먼은 기자들이 뉴스를 통해 사실을 있는 그대로 전달하기보다는 현실의 사건을 선택, 가공, 편집하여 현실을 재구성한다고 보았다. 이때 기자들이 '사실'을 보도하(한다고 믿)기 위해 관행적으로 따르는 '객관 보도의 원칙'이 전략적 의례의 대표적인 예다.

journalistic paraideology"*이라고 칭한 정도에 불과하다. 다시 말해, 영속성이 불확실하다는 점은 일찍부터 이 연구자들의 설명에 암시되어 있었다. 또한 되풀이되는 전략적 정당화 행위에는 영속성에 대한 헛된 환상이 함축될 수밖에 없다는 점이 이 연구들을 통해 입증되기도 했다.

환상과 맹신의 역할은 여기까지다. 저널리즘의 적실성 relevance**을 위한 보호장치를 자처해온 이 환상들은 사실상 그 반대의 결과를 낳을 뿐이다. 생존을 바란다면 저널리즘은 자율성, 중심성, 응집력, 영속성을 그 핵심에서부터 재고해야 한다.

---

* 기자들이 공유하고 있는 일종의 저널리즘적 세계관으로서, 어떤 사건이 뉴스가 될 만한 것인지를 결정하는 '뉴스 가치news value'를 무의식적으로 형성하고 강화하는 데 영향을 미치는 관념, 믿음, 주의 따위를 일컫는다. 저널리즘 사회학자 허버트 갠스가 제시한 개념인데, 갠스는 그의 책 《뉴스 결정하기Deciding What's News》에서 미국의 CBS, NBC, 《뉴스위크》와 《타임스》 등의 뉴스를 분석하여 '자문화중심주의ethnocentrism' '책임감 있는 자본주의responsible capitalism' '이타적 민주주의altruist democracy' '개인주의individualism' 등이 저널리즘적 준이념으로 존재한다고 주장했다.

** 한국 언론학계는 영어 단어 'relevance'를 뉴스 가치의 측면에서 주로 '관련성'으로 번역해왔다. 그러나 이 책에서 저자들은 relevance를 주로 저널리즘 제도의 이상과 실제가 따로 노는 상황을 표현하는 데 사용하고 있다. 따라서 번역자들은 relevance를 '실제에 들어맞는 성질'이란 뜻을 가진 '적실성適實性'으로, irrelevance를 '부적실성不適實性' 혹은 '부적실함'으로 번역했다.

저널리즘과 사회 사이의 접점: 엘리트, 규범, 수용자

현재 저널리즘은 사회적으로 어긋난 공간에 자리 잡고 있다. 그리고 이를 바로잡을 수 있는 시간은 얼마 남지 않았다. 오늘날 저널리즘은 주변의 지속적인 변화에 보조를 맞추기 위해 고군분투하고 있다. 이 과정을 자율성, 중심성, 응집력, 영속성을 지향함으로써 발생한 역효과가 방해하고 있다. 제도 자체를 시각화하고 그 위치를 파악하는 것은 어렵다. 그렇기 때문에 저널리즘은 외부 세계와 연결되어 있는 접점, 즉 인터페이스interface를 찾아야 한다. 그것만이 어떤 부분을 먼저 조정해야 하는지를 식별하는 방법이 된다.

엘리트, 규범, 수용자. 이 세 가지 인터페이스에 주목해보자. 엘리트, 규범, 수용자는 저널리즘의 사회와의 부적실성을 강화하고, 제도적 혼란을 악화시키는 데 핵심적인 역할을 한다. 언론인과 저널리즘 학자들은 이 인터페이스들을 오독해왔다. 수십 년 동안 학계의 구경꾼들을 사로잡았던 경제적 혼란의 개념으로 반복적으로 축소되거나, 저널리즘의 환상 속에 순응시키기 위해 세탁되었고, 또 이런 식의 이해를 방해하는 요소들은 제거되어왔다.

각 인터페이스는 저널리즘 너머의 지형에 대한 연결장치를 제공한다. 언론이 보도하는 사건에 관한 정보를 제공하는 정보원, 언론이 그 정보를 이해할 수 있게 해주고 단순한 기록을 기사화하게 해주는 규범, 기사를 생산하는 이유인 대중과 언론이 발전시켜온 관계 등이 그 연결장치의 예다. 저널리즘은 원재료의 상당수를 엘리트로부터 얻는다. 규범은 저널리즘이 해당 원재료에 대한 입장을 정하고 일관된 기사 형태로 구성하는 것을 돕는다. 그리고 수용자들은 궁극적으로 일상생활에 저널리즘을 결합시키고, 사회적·정치적 행동에 참여함으로써 그 원재료에 의미를 부여한다. 저널리즘이 이 인터페이스들을 생각하고 대하는 방식이 어떤 식으로든 더 온전히 현재 상황에 맞게 조정된다면, 각 인터페이스는 저널리즘을 그 자신이 속한 세계와 다시 연결시켜 사회적 적실성을 회복할 기회를 만들어줄 것이다.

엘리트를 위해서만 존재하는 저널리즘

빌 코바치Bill Kovach와 톰 로젠스틸Tom Rosenstiel은 그들의 고전 《저널리즘의 기본원칙The Elements of Journalism》에서 "저널리즘의 주요 목적은 시민들이 자유를 누리고 자치를 달성하는 데 필요한 정보를 제공하는 것이다"라고 주장했다 (2014[2001], 12). 1922년 월터 리프먼Walter Lippmann의 《여론 Public Opinion》을 포함, 저널리즘에 관한 학문적 기원의 다수가 이 지점에 기반한다. 학자 및 비평가들은 "시민은 수용자다"라는 명제와 뉴스의 힘에 대한 원대한 민주적 희망을 조화시키고자 노력한 반면, 비민주적인 사회에서의 저널리즘 기능은 이를 대부분 무시했다. 대부분의 경우 해결책은 엘리트를 위해 시민을 포기하는 것이었다. 이러한 관점하에서는 민주주의가 실제로 엘리트 대의제로 기능하기 때문에 시민의 민주적 결핍은 그다지 중요하지 않다. 보통의 사람들은 정기적으로 정치 체제에 책임을 물을 수 있는 투표 기능을 수행하는 것으로 간주되지만, 그 외의 경우 권력은 사실상 다른 곳에 있다. 이것이 저널리즘에 의미하는 바는 무엇일까? 저널리즘에는 궁극적으로 정보원으로서 그리고 뉴스의 수용자로서 엘리트 및 민주주의적 대표자들과의 관계가 일반 시민과의 관계보다 더 중요하다는 것이다. 시민의 실제적 삶, 제도권 바깥에서의 일상이 어떤 모습인지는 대부분 간과되어 왔다. 즉, 제도로서 저널리즘은 공중으로부터 유리되어 있다.

21세기 북반구 자유민주주의 국가에서 저널리즘이 당면한 문제는 바로 정치적 엘리트 자체가 문제라는 점이다. 교회부터 경찰에 이르기까지 엘리트 시스템에 대한 대중의 신뢰는 이미 무너져 내렸다. 더욱 예사롭지 않은 점은 엘리트 시스템이 책임 능력을 가진 중도주의 진영과 고의적으로 실정하는 사실상 허무주의적인 극단주의 진영 사이에서 돌이킬 수 없을 정도로 분열됐다는 데 있다. 이 상황에서 언론인들은 실제로 존재하는 주요 정치적 의견을 받아쓰기하듯 대변하는 것과 민주주의의 조력자로서 자신의 자유주의적 기반을 굳건히 고수하는 것 사이에서 택일하도록 떠밀리고 있다. 자유민주주의를 더는 믿지 않는 공중의 규모가 점점 커지는 상황에서 엘리트 시스템의 민주적 잠재력을 어떻게 향상시킬 수 있을까? 이 질문은 자유민주주의 체제를 위한 것이긴 하나, 엘리트들의 사회적 지위와도 관련이 있다. 이미 몰락하고 있는 제도적 환경에서 엘리트들은 안녕할 수가 없다.

규범은 저널리즘을 현실과 동떨어지게 만든다

저넷 콜리바스Jeannette Colyvas와 월터 포월Walter Powell이 "당연하게 여겨지는 것taken-for-grantedness"(2006)들의 목록으로 부른 규범norm. 규범은 제도적 환경의 구성원으로서 행동하기 위한 지침으로 간주된다. 그래서인지 규범은 성공적인 제도라면 마땅히 갖춰야 하는 것으로 여겨진다. 명확화, 토론, 조정을 필요로 하지 않을 정도가 되면 규범은 더욱 미묘하게 기능한다. 이 경우, 규범은 대놓고 강제되기보다는 제도의 여기저기에, 특히 눈에 잘 띄지 않는 곳에 은밀히 남겨져 있다. 이는 적절하고 받아들여질 만한 행동이 무엇인지 확인시켜주는 단서이다.

그러나 위축되거나, 거부당하거나, 도마 위에 오르는 등 제도의 최전선에 내던져질 때면, 규범은 자신을 둘러싼 환경과 확실히 분리된다. 이것의 제도적 혼란과의 관련성은 분명하다. 오늘날 저널리즘 제도에 있어서 '당연하게 여겨지는' 차원은 혼돈에 빠져 있는데, 이는 저널리즘 규범이 현실의 상황과 유리된 것과 무관하지 않다. 뉴스 보도 전달에 있어서의 객관성과 균형의 기준이든 존중과 절제에 기반을 둔 예의범절이든 현재 통용되고 있는 규범은 제도로서 저널리즘의 가치, 품위, 적실성을 높이지 못하며, 궁극적으로 그 규범을 대표하여 임명된 이들, 즉 언론인들에게 별 도움이 안 된다.

점점 공허해지고 있는 규범은 언론인들을 현세의 뉴스룸보다 역사책이나 기념 회고록에나 존재할 법한 현실로 끌어내린다. 규범은 현재 자유민주주의 제도에 존재하고 있는 이들의 가치, 기준, 관행의 재료로 널리 사용되어왔다. 하지만 규범은 저널리즘에 대한 기존 견해에 익숙한 이들은 물론, 바로 그 견해 때문에 무관심의 대상이 된 이들까지 현실과 완전히 동떨어진 저널리즘을 열망하도록 부채질하고 있다. 저널리즘 제도의 규범과 실천을 떼어놓고 실천 고유의 장점을 인식하고 평가할 필요성이 제기된다.

수용자는 저널리즘을 더는 신뢰하지 않는다

저널리즘의 수용자audience에 대한 이상화된 견해는 두 가지 특성을 갖는다. 첫째, 수용자의 뉴스 이용 관행과 선호도가 어떤지는 가정된다. 둘째, 수용자는 당연히 존재한다. 일찍부터 언론인들은 수용자를 공적 이슈 보도에 상당한 관심을 가진 존재, 그러한 보도와 그 보도를 이끌어내는 저널리즘의 가치를 충분히 인식하고 있는 존재로 상정해왔다. 그게 아니더라도 언론인들은 최소한 일관성 있게 이러한 가정에 따라 행동해왔다. 수용자는 또한 당연한 존재로 여겨졌다. 그들은 신문을 읽고 라디오 뉴스를 듣거나 텔레비전 뉴스를 보면서 저기 어디엔가 항상 존재한다고 간주되었다.

하지만 디지털 뉴스 시대의 첫 사반세기는 뉴스를 위한 수용자의 존재가 더는 당연하지 않다는 것을 가르쳐줬다. 상업적 웹을 필두로 모바일 커뮤니케이션과 소셜미디어의 잇따른 등장은 수용자를 뉴스로부터 다른 유형의 콘텐츠로 집단적으로 이주하게 만들었고, 이는 온갖 종류의 제도적 혼란의 원인이 되었다. 또한 오늘날 뉴스 영역에서는 '가정된 수용자에서 알게 된 수용자로의 전환'이 일어나고 있다. 디지털 공간에서 모든 수용자의 행위는 흔적을 남기고, 그 흔적을 통해 언론인과 언론사는 지식에 접근할 수 있게 됐다. 그 지식은 공적 이슈를 다룬 뉴스에 대한 수용자의 선호도가 언론인들의 관행과 거의 일치하지 않는다는 것을 드러냈다. 기자와 편집자들은 아마 예전부터 알고 있었을 수도 있다. 어쨌거나 그들은 계속 그게 사실이 아닌 양 행동해왔다. 그 와중에 소셜미디어가 부상하면서 현시대 저널리즘의 실제 관행에 심각한 의문을 제기하는 수용자의 목소리가 증폭하고 있다.

　수용자들의 뉴스 이용 관행과 선호도는 변하는 반면 언론인들의 뉴스 생산 관행과 선호도는 굳어진 이 기괴한 상황이야말로 저널리즘이 자신이 봉사해야 하는 대중과 얼마나 동떨어진 세계관을 가져왔는지를 역설한다. 제도로서 저널리즘이 무너져가는 상황 속에서 어떻게 하면 저널리즘 기능을 완전히 고갈시키지 않으면서 저널리즘 제도의 필수 불가결한 요소로서 수용자의 중심성을 복원할 것인지가 중요한 문제로 대두되고 있다.

소결: 저널리즘은 소멸할지도 모른다

　오늘날 저널리즘 제도의 사회적·정치적·문화적 적실성은 감소하고 있다. 이대로 가만히 두면 저널리즘 제도는 소멸할 것이다. 비할 데 없는 수준의 기술 발전과 데이터의 정교함을 가진 시대, 어쩌면 역사상 최대 규모의 수용자층을 확보했을지도 모를 시대이다. 그럼에도 저널리즘의 현대적 가치는 마땅히 그래야 하는 것보다, 그리고 언론인들 스스로 생각하는 것보다 훨씬 더 낮은 상태다. 또한 21세기 공동체적 삶에 필요한 의미 있는 감각을 사회가 회복하는 과정에도 저널리즘은 관여하는 바가 거의 없고 그 역할이 미미하다. 이러한 단절은 저널리즘이 지속 가능한 방식으로 작동할 능력을 약화시키고 있다. 엘리트, 규범, 수용자를 중심으로 일어난 근본적인 변화에 저널리즘이 거의 관심을 기울이지 않은 탓이다. 너무 늦기 전에, 그래서 우리가 알고 있는 저널리즘이 온데간데없이 사라지기 전에 저널리즘이 자신을 둘러싼 세계와 더 생산적으로 연결될 수 있도록 저널리즘이 처한 상황을 직시하고 다시 상상해야 할 때다. 즉, 이상 속의 조건을 현실의 조건과 다시 결합해야만 한다.

재결합을 향한 저널리즘의 노정을 위해 두 가지 선택지를 제안한다. 바로 개혁적 노선과 혁명적 노선이다. 다음 장부터 각 노선을 집중적으로 다룰 텐데, 특히 결론부인 5장에서는 전적으로 두 경로에 대해 논할 것이다. 개혁적 노선은 저널리즘이 용인해야 할 행동의 한계를 넓히고, 혁명적 노선은 아직 가보지 않은 영역으로의 여정을 풀어낸다. 어느 노선이든 오늘날의 급변하는 세계 속에서 아무것도 바꿀 수 없다는 듯이 현재 상태를 지속하는 것보다는 나을 것이다. 바꾸어 말하자면, 행동하지 않거나 현재 상태를 유지하는 것은 저널리즘에 더 이상 실행 가능한 방안이 아니다.

어떤 노선도 만병통치약은 아니다. 모범 실천법을 일일이 정리하지도 않았다. 그러나 두 노선 모두 다시 시작될 미래를 향한 청사진을 제시한다. 이 구상 속에는 저널리즘이 이른바 '뉴스의 황금기' 동안 갖은 방법으로 소외시켜온 사람들과의 관련성을 소중히 여기며 씨름하는 방법이 강조되어 있다. 역사 속에서 소수의 내러티브로 치부되어온 다수의 목소리, 관점, 경험을 저널리즘이 빛나게 해줄 미래를 제시한다.

2장

엘리트

도널드 트럼프 전 미국 대통령에 대한 첫 번째 탄핵 절차가 한창일 때.《뉴욕타임스》는〈국무부 내부에서 반대하는 이들은 어떻게 반역을 선동하고 슬로건을 확산시켰는가〉라는 제목의 기사를 실었다. 트럼프의 탄핵을 촉구하는 고위 관료들의 공개 증언에 앞서 이 기사는 다음과 같이 언급했다.

기득권층의 든든한 기둥으로 여겨지곤 하는 국무부가 대통령 및 임명직 고위 인사들에 대한 반역의 중심에 서는 경우는 거의 없었다. 하지만 국가 정책이 어떻게 당파적 정치에 의해 도용되었는지를 의원들에게 진술하는 국방부 관료들이 줄을 이었다. 트럼프 대통령과 그가 임명한 국방부 고위 인사들에게 거의 3년간 무시당하고 멸시받아온 동료들이 권력에 맞서는 모습에 고무됐다고 말하는 직업 외교관이 한둘이 아니다. (Crowley et al., 2019, n.p.)

트럼프 대통령 재임 기간에 나온 다른 여러 기사와 마찬가지로 이 기사는 우리가 '엘리트의 균열'이라고 칭한 과정을 잘 보여준다. 엘리트의 균열은 상대적으로 일관성이 있었던 엘리트 거버넌스 시스템의 해체를 의미하는데, 언론인들은 전통적으로 이 시스템을 정보 수집을 색인화indexing*하는 데 사용해왔다. 반자유주의적 포퓰리즘 정당의 등장, 그리고 정치 커뮤니케이션 과정에 공식적·비공식적으로 침식해 들어가고 있는 소셜미디어의 압박 속에서 엘리트 시스템은 이제 스스로를 불신하는 지경에 이르렀다. 자유민주주의 체제에서 엘리트 시스템은 저널리즘 제도의 작동을 주도해왔다. 이런 엘리트 시스템의 균열은 저널리즘 이상 속의 거버넌스가 현실에서의 거버넌스와 유리되는 데 쐐기를 박는다.

---

* '색인화 개념'은 뉴스 콘텐츠와 언론, 국가 간의 관계에 관한 이론으로서 그 핵심은 정치 및 공공 정책 문제에 관한 보도에 있어서 언론의 의견과 관점의 범위가 주류 엘리트들로부터 표현된 견해의 범위에 따라 결정되는 경향이 있다는 것이다. 구체적으로, 정치적 엘리트들이 특정 이슈에 일반적으로 합의하고 있을 때 뉴스는 그 합의를 반영하는 경향이 있다. 반대로 정치적 엘리트들 사이에 입장 차이가 있다면, 그 의견 차이의 범위 안에서만 해당 이슈에 대한 보도가 이루어진다. 엘리트 집단 내 의견 차이가 대중이 가진 의견과 괴리될 때가 있는데, 이때 언론은 사회적 의견의 다양성을 대중의 의견까지 포괄해 가능한 한 현실에 가깝게 반영하기보다는 엘리트들 간의 차이로 제한하여 보도함으로써 왜곡시킬 수 있다.

최근 미국의 사례로 시작한 이번 장은 미국 등 자유민주주의 국가에 관한 논의에 중점을 둔다. 이들의 사례가 다른 곳에 바로 적용되기 때문은 아니다. 언론 실무자들과 학계가 이러한 국가적 환경에 주목해온 까닭은 오늘날 세계경제 및 정치권력의 패턴 때문이다. 트럼프 정권하에서 눈에 띄게 과격해진 언론과 정치의 관계 때문이기도 하다. 이 국가적 환경에 주목함으로써 엘리트 균열의 주된 원동력, 다른 국가적 상황으로까지 새어나가곤 하는 그 힘을 더 분명하게 관찰할 수 있을 것으로 기대한다.

엘리트의 균열

오늘날 규범적 교착 상태로 인하여 고위층에서 벌어지는 공적 이슈에 관한 보도는 복잡다단해졌다. 그런데 엘리트의 균열은 이 보도 절차에 중대한 문제를 야기한다. 자유민주주의가 굳어진 지 오래된 국가들에서 반자유주의적 성향을 드러내는 엘리트들이 등장했다. 이에 여태껏 표현되지 않은 채 언론사들의 기저에 깔려 있던 자유주의적 성향이 드러나기 시작했다. 이 언론사들은 자유주의적 가치를 수호하느냐, 아니면 이유야 어쨌든 정치권력을 쥔 이들에 대하여 의무적으로 보도해야 하느냐 사이에서 선택해야 하는 상황에 처했다.

이러한 상황은 위의 《뉴욕타임스》 기사를 포함한 트럼프 대통령 임기 중의 기사뿐만 아니라 북반구의 다른 여러 자유민주주의 국가들의 기사에서도 거듭해서 나타났다. 현실에서의 변화가 저널리즘으로 하여금 이상을 추구하기 어렵게 만든 상황으로서, 저널리즘 제도의 기본적인 설정 자체에 중대한 결함이 생긴 것이나 다름없다. 미국 국무부와 트럼프 탄핵 절차에 관한 기사는 국무부 직업 관료들에 대한 중도적이고, 절제되고, 논란거리를 만들지 않는 명확한 기사라기보다는 독재 국가의 정치적 음모를 다룬 기사처럼 보인다. 명확함이야말로 《뉴욕타임스》 및 여타 유사 언론사들의 오랜 특징이었다. 하지만 오늘날 그들은 그렇지 못하다.

저널리즘은 이 난제에 어떻게 대응해야 할까? 미국, 그리고 그와 비슷한 기로에 놓인 국가의 저널리즘은 지난 몇 년간 개혁적 교훈을 얻었는지, 아니면 혁명적 교훈을 얻었는지 판단할 때가 됐다. 정도와 종류의 차이가 있긴 하지만 둘 다 대폭적인 변화를 요구한다. 먼저 엘리트의 균열로부터 개혁적 교훈을 얻었다는 것은 저널리즘이 자신의 임무가 대체로 성공적으로 수행됐다고 본다는 의미이다. 위기에도 불구하고 공화국은 무너지지 않았고, 아슬아슬하게나마 규범은 유지되었으며, 저널리즘은 자신의 가치 체계인 자유주의적 성향을 드러냄으로써 일정 부분 민주주의를 위한 역할을 해냈다는 점에서 그런 판단을 내릴 수 있다. 미국을 예로 들면, 공화당이 선거 결과에 불복하고 자유민주주의 규범을 전복하려고 하는 정도의 혼돈 상황이 지속된다면, 개혁적 교훈을 얻은 저널리즘은 계속해서 그 상황에 공개적으로 반대하고 나설 것이다. 그러나 만약 혁명적인 교훈을 얻었다면, 저널리즘은 정치적 성향과 관계없이 모든 정치 엘리트에 반대하고, 또 저널리즘이 배제해온 것이 무엇이었는지 철저히 숙고하면서 여성, 유색인종, 소수민족, LGBTQIA* 등 소외되고 억압받아온 사회집단을 포용해야 한다고 결론지을 것이다.

저널리즘 신뢰도의 하락

저널리즘 하향세의 상당 부분은 엘리트는 누구인지, 그들은 누구를 배제하는지, 그들은 무엇을 해야 하는지, 그들은 실제로 어떻게 움직이는지 등 엘리트에 대한 이해가 타성에 젖은 데에서 비롯한다. 엘리트가 의미하는 바가 무엇인지, 또 엘리트가 주로 서구 혹은 북반구의 자유주의 전통에서 민주주의를 향한 열망과 어떻게 온전히 조화를 이루며 기능할 수 있는지를 파악하기 위해 저널리즘 학자들은 오랫동

---

*   LGBTQIA는 레즈비언Lesbian, 게이Gay, 양성애자Bisexual, 트랜스젠더 Transgender/트랜스섹슈얼Transsexual, 퀴어Queer/성적 지향에 의문을 품은 사람Questioner, 간성Intersex, 무성애자Asexual 등을 포괄하는 두문자어다.

안 노력해왔다. 모순적이긴 하나, 이들의 연구는 추락하는 엘리트의 위상을 이해하는 길을 제시한다. 이뿐만 아니라, 엘리트 집단 주변에서 증가하고 있는 불신 및 정치적 역기능이 전 세계 민주주의 국가들의 저널리즘에 미치는 영향을 설명하는 데에도 저널리즘 학자들의 연구는 중요한 역할을 한다.

저널리즘은 엘리트를 비판하면서 또 엘리트를 필요로 한다. 전 세계적으로 이 균형은 수사학적으로나 실제로나 다르게 나타난다. 포퓰리즘적 커뮤니케이션 체제에서는 민중과 엘리트 계층이 융합한다. 1980년대 동유럽의 이른바 사회민주주의 체제가 전형적인 예인데, 이 체제에서는 저널리즘의 엘리트 계층을 향한 충성이 민중에 대한 불충을 의미하지 않았다. 중국에서 저널리즘은 자신의 권력을 강화하려는 당-국가의 지시에 따라 특정 엘리트 파벌을 선별적으로 비판하곤 한다. 미국과 유럽 일부 지역에서는 민중이 엘리트를 경계하고 감시해야 한다. 하지만 저널리즘 자체가 엘리트 직업군이 되었을 뿐만 아니라, 언론인들은 엘리트 정보원에 의존하여 가십과 특종거리를 얻고 있다.

본질적으로 공적 사안에 관한 주류 저널리즘은 주로 엘리트가 주도하고, 엘리트가 작성하고, 엘리트가 소비해왔다. 21세기 저널리즘의 문제는 바로 북반구 자유민주주의 국가의 정치 엘리트 자체가 상당히 문제적이라는 데에 있다. 대중은 더 이상 언론인과 정치인은 물론이고 종교에서 의료, 군대에 이르기까지 엘리트 제도를 신뢰하지 않는다. 더 우려스러운 지점은 엘리트 집단이 "책임감 있는" 엘리트와 허무주의적이고 포퓰리즘적인 엘리트로 나뉘는 것처럼 보인다는 데 있다. 언론인은 엘리트 시스템의 어느 부분에 귀를 기울여야 할까? 대중의 대다수가 엘리트 시스템의 민주주의를 불신하는 상황에서 언론인들은 그 시스템의 민주적 잠재력을 어떻게 향상시킬 수 있을까?

신뢰의 해체는 저널리즘의 전문성 측면에서 특히 심각한 문제다. 한 번 떨어진 신뢰가 회복될 것 같지 않기 때문이다. 실제로 민주주의가 약화한 국가에서는 신뢰, 전문지식, 엘리트가 교차하며 만들어내던 역동성이 점점 줄어들고 있다. 신뢰를 유지하려면 얼마만큼의 전문지식이 필요한 걸까? 서로를 용납하지 않는 상황에서 엘리트는 신뢰 유지에 어떤 역할을 할 수 있을까? 이에 대한 저널리즘의 역할은 무엇일까? 저널리즘이 무슨 역할이든 수행할 것이라고 기대하는 것이 가당하기나 할까? 국가 및 지역적 차이가 크고 또 중요한 의미를 갖긴 하지만, 뉴스 신뢰에 대한 패턴을 보면 전 세계적으로 전망이 어둡다. 다음은 2020년 로이터 연구소의 〈디지털 뉴스 리포트Digital News Report〉의 내용이다.

모든 조사 대상 국가의 응답자 10명 중 4명 미만(38%)이 뉴

스를 대부분 신뢰한다고 답했는데, 이는 2019년에 비해 4%
하락한 수치다. 자기가 이용하는 뉴스는 신뢰한다고 답한 사
람은 절반 미만(46%)이었다. 불확실성 증가와 관련 있는 정
치적 양극화는 특히 좌우 정치 진영으로부터 지지를 동시에
잃고 있는 공영방송에 대한 신뢰를 약화시키는 것으로 보인
다. (Newman, 2020)

저널리즘 신뢰 수준은 56%로 가장 높은 신뢰도를 보
인 핀란드부터 21%로 가장 낮은 신뢰도를 보인 대한민국까
지 조사 대상국마다 차이가 있긴 하나, 이 2020년 보고서는
2019년 이후 여러 국가에서 전반적으로 저널리즘에 대한 신
뢰가 하락했다고 적고 있다. 한 가지 주목할 만한 패턴은 바
로 당파성의 증가와 뉴스 신뢰 감소 사이의 연관성이다. 이
때 함께 고려해야 하는 것은 공동체나 국가 간 저널리즘의
목적을 이해하는 방식의 차이가 신뢰 수준을 묻는 질문에 대
한 답변에 영향을 줄 수 있다는 점이다. 즉, 높은 수준의 정치
적 당파성은 수용자의 뉴스 신뢰를 떨어뜨리는 원인이 될 수
있지만, 이러한 경향은 저널리즘의 역할에 대한 보다 포괄적
인 이해 방식을 거쳐 여과될 수 있다. 저널리즘에 대한 규범
적 기대에 따라 저널리즘을 향한 태도에 차이가 생길 수 있
다는 것이다.

여러 가지 상황을 종합해보면 뉴스에 대한 신뢰의 감소

는 전문적 사회제도 전반에 대한 신뢰의 감소와 불가분의 관계임을 알 수 있다. 뉴스 신뢰 감소 현상은 특히 정부 및 관련 엘리트 거버넌스 문화와 관련될 때 두드러진다.

책임감 있는 엘리트의 몰락

세계 곳곳에서 저널리즘에 대한 신뢰가 끝없이 추락하는 것을 보면, 반발력 증폭에 대항하기 위해 엘리트들끼리 일관된 입장을 취할 것이라고 기대하는 게 자연스럽다. 그러나 실제로는 반대의 현상이 벌어졌다. 앞선 《뉴욕타임스》 기사를 떠올려보자. 이 기사에 드러난 기득권층의 균열은 더 큰 현상의 일례일 뿐이다. 전문가 개입에 의존하는 분야 전반에 걸쳐 기득권층의 균열이 가시화하고 있다. 전문가 개입이 이미 불가능한 정도이기 때문에 해체 경향은 사회제도 전반에 걸쳐, 그리고 저널리즘 제도에서 특히 선명히 나타나고 있다. 미국만의 이야기가 아니다. 민주적 정부가 쇠퇴하고 있는 전 세계 곳곳에서 이러한 현상이 벌어지고 있다.

이는 근본적인 질문을 제기한다. 엘리트가 더는 "책임감 있게 행동"할 수 없다면, 언론인은 엘리트의 말에 귀를 기울여야 할까? 엘리트가 아니라면 그들의 자리를 누구로 대신해야 할까?

20세기 초, 월터 리프먼은 그가 "정보국intelligence bureau"
이라 칭한 제도에 관한 규범적 주장을 펼쳤다. 이때 정보국
은 근대 민주적 거버넌스로서는 감수하는 게 불가능한 수준
의 지적 부담을 경감시켜주는 제도적 기관을 뜻하는데, 그
핵심은 전문가들에게 공적 사안을 통제할 권한을 더 폭넓게
허용하는 데 있다. 리프먼이 적은 정보국의 "목적"은 다음과
같다.

> 정보국의 목적은 모든 시민이 모든 문제에 전문적인 의견을
> 갖도록 부담을 주지 않고, 책임 있는 당국자가 그 부담을 지
> 게 하는 데 있다. 정보 시스템은 일반적인 정보의 원천으로
> 서, 그리고 일간지의 보도에 대한 점검 장치로서 가치가 있
> 다. 그러나 이는 부차적이다. 정보국의 실제 용도는 정치 및
> 산업 분야에서의 대의정치와 행정을 돕는 데 있다. 회계사,
> 통계 전문가, 비서관 등에게 하듯이 전문 기자의 도움이 필
> 요한 사람들은 대중이 아니라 공적 업무를 더 이상 주먹구
> 구식으로 할 수 없는 이들이다. 공적 업무가 얼마나 잘못 수
> 행되고 있는지 알려주는 도구라기보다는 공적 업무를 더 잘
> 수행하기 위한 도구라는 것이 정보국의 기원이자 이상이다.
> (1922, 399)

리프먼의 주장으로부터 60년 뒤인 1973년, 스튜어

트 홀Stuart Hall은 "사건의 '구조화된 커뮤니케이션'structured communication' of events"을 다룬 고전적 저작에서 신문과 방송 등의 "공적 형태의 커뮤니케이션"이 엘리트 및 전문가들과 맺은 불안정한 관계에 관하여 다음과 같이 기술했다.

> 권력자들의 정의定義가 어떠한 조건이나 수정, 이의 제기 없이 통과되는 시스템은 거의 없다. …… 언론이 권력을 가진 엘리트와 형성하는 관계는 극도로 복잡하며, 그들 사이에서는 이해관계, 전망, 해석 등에서 모순이 빈번히 발생한다. (1973, 18~19)

리프먼과 홀은 정반대의 관점에서 동일한 문제를 다루고 있다. 리프먼에게 저널리즘의 엘리트와의 연계는 우회적인 방식으로 민주주의에 기여한다. 일반 시민들은 어쩌다 통치에 참여할 뿐이고, 공적 영역에서 무슨 일이 일어나고 있는지 아는 경우는 더욱 드물다. 오늘날 정부 관료기구라 불리는 정보국을 설립함으로써 엘리트들은 필요할 때만 저널리즘이 더 나은 기사를 생산하게 한다. 더 본질적으로 엘리트들은 관료기구를 통해 대의정치가 작동하게 한다. 저널리즘이 생산한 공적 이슈에 대한 정보가 정치 기득권과 정보국에 반영됨으로써 엘리트 정보의 선순환 구조를 만드는 한, 이른바 좋은 언론은 거버넌스의 질을 향상시킬 수 있다. 공익을 위한 정보 전달 측면에서 이 기획은 꽤 엄격한 모델을 제공하는 것처럼 보이지만, 저널리즘을 중심으로 한 커뮤니케이션 과정에 엘리트 이외의 다른 이들이 배제되는 정도가 얼마만큼인지 생각해봐야 한다.

스튜어트 홀이 보기에 저널리즘은 엘리트 정보원의 루틴과 관점에 너무 과도하게 의존해 보도함으로써 민주적으로 기능하는 데 실패했다. 그는 언론의 이러한 경향을 정치적 실패이자, 헤게모니와 엘리트 이익을 확고히 하기 위한 메커니즘으로 보았다.

"리프먼식Lippmannian" 방안은 저널리즘을 엘리트적 활동으로서 엘리트에 의해, 궁극적으로 엘리트를 위해 생산되는 것으로 본다. 정치적 권력 외부에 있는 이들의 생각과 이해관계를 충분히 반영하지 못함에도 불구하고 이 관점은 저널리즘의 민주주의에서의 역할을 이해하는 방법으로서 20세기 내내 지배적인 위치를 차지했다. 그러나 오늘날 이 체계framework의 한계가 명확해지고 있다. 수용자의 선호는 무조건 시장에 반영되어 양질의 저널리즘 생산을 촉진하는 게 아니다. 또한 언론사들의 수용자 수량화 경향과 수용자들의 파편화 경향이 동시에 심화하고 있는 가운데, 공적 이슈를 다룬 뉴스에 대한 수용자들의 관심은 낮아지고 있다. 결국, 이른바 수준 높은 저널리즘, 민주주의의 강화를 추구하는 유형의 저널리즘은 그러한 저널리즘에 비용을 지불하면서 소비할 가능성이 가장 높은 수용자 계층, 즉 엘리트에게 어필함으로써 생산될 가능성이 커졌다. 이 상황이 스튜어트 홀을 포함한 여러 정치 이론가들과 언론인들이 발전시켜온 민주주의에 대한 이해와 거리가 멀다는 것은 분명하다.

그렇다고 해서 리프먼이 그랬던 것처럼, 민주주의 전통 속에서 이 입장을 지지한 이들이 없는 것은 아니다. 규범적으로 이상적이든 아니든 간에 이 관점은 서구권 및 북반구 자유민주주의 국가들에서 시장에 의해 조정되는 저널리즘이 작동해온 방식을 상당히 정확하게 설명해준다. 20세기 내내 언론사들은 교육적, 계급적, 인종적, 문화적 취향에 따른 수용자 구분이야말로 경제적, 직업적 성공을 가장 확실히 보장해주는 길이라고 여겼다. 이 관점은 또한 세분화한 시장이 공중을 대표한다는 믿음이 유지되게 했다. 엘리트 정보원, 고위층으로부터 확보한 정보를 뉴스로 제공하는 저널리즘, 엘리트 수용자를 연결하는 선순환은 리프먼식 체계 아래에서 민주주의적이라는 미명을 얻을 수 있었다. 민주주의가 기능하는 데 엘리트가 정말 필수였다면, 아마 스튜어트 홀에 의해 제기된 '공적 형태의 커뮤니케이션'의 문제를 대수롭지 않게 넘길 수 있었을지도 모른다.

민주적 실행 가능성은 차치하더라도, 이 리프먼식 입장이 가진 주요 문제는 우리가 엘리트와 전문가에 대한 신뢰 수준이 매우 낮은 세상에 살고 있다는 사실에서 비롯한다.

그리고 이러한 추세는 더 심해지고 있다. 저널리즘의 기능은 "실제로 무슨 일이 일어났는지"를 알고 있는 정치적·문화적 엘리트와 정보에 입각한 정치적 결정을 내리기 위해 엘리트가 제공한 내부 정보를 활용하는 일반 대중 사이의 관계를 전제로 한다. 그러나 북반구와 남반구 자유민주주의 국가들에서 엘리트는 일반 시민 대다수의 신뢰를 완전히 잃은 것으로 보인다. 엘리트 집단은 또한 내부적으로 분열되고 있으며, 갈수록 일관성 있는 이익 집단으로 기능하지 못하고 있다.

엘리트 시스템은 오작동하고 있다

저널리즘과 엘리트의 관계 변화로 인해 발생하는 개념적·규범적 난제를 이론화하기 위해 정치 커뮤니케이션학의 핵심 개념 두 가지를 통해 그 관계가 어떻게 확립되어왔는지 논의해보자. 바로 W. 랜스 베넷W. Lance Bennett의 '저널리즘 색인화journalistic indexing' 개념과 대니얼 할린Daniel Hallin의 '정치 담론 영역the spheres of political discourse' 개념이다. 엘리트 활동의 변화, 그리고 엘리트와 저널리즘의 관계 변화로 인해 두 개념 모두 실증적·개념적으로 문제시되고 있다. 그러면서 두 개념 공히 저널리즘과 민주주의의 관계에 대한 전통적인 이

저널리즘 선언

해 방식에 근본적인 문제를 제기한다.

저널리즘 색인화 개념은 사건에 대한 저널리즘의 보도가 일반적인 여론 지형보다 엘리트의 합의 또는 분열에 더 의존한다는 사실을 포착한다. 색인화 개념을 최초로 정교화한 논문에서 베넷은 니카라과에 관한 《뉴욕타임스》의 1983년부터 1986년까지의 4년 치 기사를 분석하여 미국의 대對니카라과 군사 개입*에 관한 제도권에서의 논쟁과 미국 대중의 목소리 사이에 뚜렷한 차이가 있음을 드러냈다. 제도권에서는 군사 개입에 일반적으로 찬성하고 의회의 일부 소수파만 동의하지 않은 반면, 미국 대중의 대다수는 군사 행동에 의혹을 제기했다. 그런데도 2000개 이상의 《뉴욕타임스》 기사에 등장하는 목소리의 4분의 3 이상이 정부 관료였다. 니카라과 보도에 나타난 관점의 다양성 범위는 이미 정부 안에 있던 목소리에 맞춰 색인화되어 있었다. 대통령 정책에 대한 정부 내부의 반대가 사그라들자 그 정책에 대한 부정적인 보도도 줄었다. 랜스 베넷의 결론처럼, "논문이 제시한 증거들은 신문 자체의 정치적 의제나 적대적 저널리즘adversarial

---

*　1979년 니카라과에서 민중혁명이 일어나면서 사회주의 성향의 산디니스타 민족해방전선Frente Sandinista de Liberación Nacional이 미국의 지원을 받던 소모사 우익 독재정권을 무너뜨렸다. 1981년 들어선 미국의 레이건 정부는 산디니스타 정권 전복을 위해 소모사 가문의 잔당 등으로 구성된 우익 반정부 민병대 활동을 군사적으로 지원했다. 반산디니스타 정권 무장단체들을 콘트라contras라고 통칭했다.

journalism*이 아니라, 의회가 《뉴욕타임스》의 니카라과 보도에 단서를 제공했음을 시사한다"(1990, 121).

그런데 앞서 살펴본 엘리트 정치에 나타나고 있는 두 가지 경향—전문가에 대한 신뢰 결핍과 엘리트 정치의 역기능 증대 현상—은 저널리즘 색인화에 어떤 영향을 미칠까? 이 경향과 저널리즘 색인화 개념을 조화시킬 수 있을까? 랜스 베넷의 논문에도 어느 정도 오늘날의 상황이 예견되어 있다. "'시스템은 작동한다'는 가정, 그리고 '책임 있는 언론'은 제도권에서 벌어지는 논쟁의 범위 안에서 비판 기능을 지속한다는 가정 아래 언론의 전문성은 효과적으로 작동하는 것처럼 보일 것이다. 그러나 제도권 논쟁과 그에 기반한 보도의 범위는 한정되거나 왜곡될 수 있다"(1990, 121).

그러나 그 시스템은 베넷의 논문이 출판된 1990년에 이미 작동하지 않았다. 언론 보도를 엘리트 의견에 색인화하는 특징이 나타났고, 심지어 그때도 엘리트 시스템은 여론의 다양성을 모호하게 만들고 있었다. "시스템은 작동한다"는 가정은 1990년에 이미 유지되기 어려웠고, 지금은 불가능한 환상에 지나지 않는다.

언론의 보도가 분열된 엘리트 집단에 색인화되면서 더

---

* 기자 혹은 언론사가 특정 대상에 대해 반대 입장에 서서 전투적인 취재 및 보도 스타일을 취하는 유형의 저널리즘을 뜻한다. 적대적 저널리즘의 주요 목표는 취재 대상의 잘못된 행위를 폭로하는 데 있다.

큰 문제가 발생하고 있다. 이 상황은 특히 객관성을 저널리즘적 상식으로 인식하고 실행하는 과정을 뒤흔들고 있다. 할린(1986)의 정치 담론 영역 개념은 이를 설명하는 데 도움이 된다. 할린에 따르면, 미국 언론인들은 사회적 혹은 정치적 문제를 합의consensus, 정당한 논쟁legitimate controversy, 일탈deviance이라는 세 가지 영역 중 하나에 속한 것으로 가정한다. 합의의 영역은 기자들이 갈등이 없다고 가정하는 영역인데, '자본주의는 좋은 것이다'가 일례다. 정당한 논쟁의 영역의 예로는 소득세 정책과 경제 성장에 대한 논쟁을, 일탈의 영역의 예로는 주요 정당 대통령 후보의 무신론을 들 수 있다. 보도 주제가 어떤 영역에 속하는지에 따라 저널리즘의 보도 행위는 달라진다. 언론인, 그리고 대중이 언론의 기본 값으로 간주하는 것, 예컨대 보도에서 해당 이슈의 양 측면에 동등한 비중을 부여한다거나, 엄격하고 신중히 고찰하여 중립성을 추구하는 것 등은 오직 '정당한 논쟁'의 영역에서만 작동 가능하다. 다른 두 영역에는 이슈의 한쪽 면만 존재하므로 언론인은 같은 방식으로 보도에 균형을 맞출 필요가 없다.

베넷의 색인화 개념에 할린의 세 가지 정치 담론 영역 개념을 결합함으로써 엘리트와 저널리즘의 문제적 관계를 새로운 측면에서 바라볼 수 있다. 엘리트는 어떤 주제가 정당한 논쟁의 영역에 속할 경우, 즉 양측이 자신의 견해를 주장할 수 있는 공간이 동등하게 주어지는 경우에만 균형을 맞추는 작업을 필요로 한다. 다른 한편으로, 엘리트 견해의 변화는 언론이 대중 사이에서 벌어지는 논쟁을 이해하는 방식을 바꿀 수 있으며, 이는 결국 보도 주제의 다양한 측면을 보도하려는 언론의 의지에 영향을 미칠 수 있다. 정치에 익숙하고 적극적인 개인들이 모여 있는 정치계 및 활동가 서클은 자신들이 중요하다고 생각하는 이슈가 담론 영역들 사이에서 어떻게 움직이는지에 초점을 둔다. 엘리트 집단의 이해관계는 정치적 이슈의 영역 간 이동을 촉진시킬 수 있고, 이는 언론인들이 그 이슈를 해석하는 방식에 영향을 준다.

합의 영역에서 다른 영역으로 이슈가 움직인다고 해서 저널리즘에 무조건 이익이 되는 것은 아니다. 어떤 이슈는 오히려 뉴스거리가 됨으로써 저널리즘에 규범적으로 문제를 일으킬 수 있기 때문이다. 특정 과격 정치 세력은 주류가 되기 위해 일부러 합의된 이슈를 논쟁거리로 삼거나 일탈적 입장에 서곤 하는데, 이는 그들이 엘리트로서 언론과의 관계가 밀접하기 때문에 가능한 전략이다. 요컨대, 엘리트가 극단주의적 성향을 띠게 되거나 분열되거나 대중으로부터 멀어질수록, 균형 있고 객관적인 보도에 걸맞은 정당한 논쟁을 구성하는 것이 무엇인지에 대한 저널리즘의 판단 능력은 불안정해질 수밖에 없다. 이는 북반구와 남반구 전역에서 엘리트 저널리즘을 쇠약하게 만드는 원인 중 하나다.

이에 대한 사례는 한둘이 아니다. 브라질의 보우소나루 Bolsonaro 정권, 헝가리의 오르반Orbán 정권, 튀르키예의 에르도안Erdogan 정권이 각각 독재화되면서 민주적 가치와 관행이 어떻게 침식되어갔는지 생각해보라. 각 사례는 정당한 논쟁과 부당한 논쟁을 구별하는 언론인의 능력에 문제가 있음을 보여주었고, 저널리즘의 평가 행위에 있어서 과연 엘리트 색인화가 적절한 것인지 그 한계를 드러냈다. 엘리트는 언론인들이 담론 영역을 오가는 주제의 움직임을 식별하는 법을 익히면서 오랫동안 의지해온 단서다. 신뢰할 만한 단서 없이 언론인들은 어떻게 제대로 자신의 취재에 우선순위를 매길 수 있을까?

30년 전 랜스 베넷은 근거가 희박하긴 하나 시스템만 작동한다면 저널리즘의 전문성이 발휘될 것이라고 전망했다. 하지만 시스템은 갈수록 오작동하고 있고, 현장에서의 실제 저널리즘 관행으로부터 엘리트를 떼어내야 할 필요성이 제기되고 있다. 바야흐로 일촉즉발의 긴장이 저널리즘을 둘러쌌다. 언론인들이 이에 대응하여 자신의 관행을 조정하는 데 실패한다면 긴장은 급격히 고조되어 위기로 변할 것이다. 그때는 늙은 개에게는 제아무리 필요하더라도 새로운 재주를 가르칠 수 없다는, 불행하면서도 뻔한 진실과 마주하게 될 것이다.

소결: 저널리즘은 엘리트의 전유물인가?

서구와 북반구, 나아가 남반구의 여러 국가에서 저널리즘은 엘리트의 활동이 되었다. 엘리트 정보원에 의존하는 엘리트 언론인에 의해 취재가 이뤄지며, 대부분의 경우 실제로 정치에 관심을 가질 만한 자원과 성향이 있는 엘리트 수용자를 위해 고안된 활동이 바로 저널리즘이다. 여러 민주주의 이론가들은 이 생각을 탐탁지 않게 여긴다. 그리고 우리도 공화주의 정치 이론하에서 이러한 저널리즘의 상황이 민주주의와 양립하는 게 불가능하지 않다는 점을 강조하고자 했다. 하지만 이처럼 민주적 기대치를 낮춘 버전의 시나리오에서마저도 저널리즘은 좌초하고 있다.

캔디스 칼리슨Candis Callison과 메리 린 영Mary Lynn Young[*]이 적절하게 표현한 것처럼, 엘리트의 균열은 저널리즘을 심판의 순간으로 몰아넣고 있다. 저널리즘이 최근 몇 년 동안 변해왔다는 것은 분명하다. 이 변화는 기술 발전만큼이나 정치적·사회적 흐름의 변화에 의해 촉발되었다. 특히 미국의 언론은 권력의 반대편에 서는 것, 거짓을 거짓이라고 말하는

---

[*]   캔디스 칼리슨과 메리 린 영은 2019년 저작 《재고: 저널리즘의 한계와 가능성 Reckoning: Journalism's Limits and Possibilities》에서 저널리즘의 위기 극복을 위해서는 이상과 방법 등 모든 측면에서 언론계의 철저한 반성이 필요하다고 주장한다. 둘 다 브리티시컬럼비아대학의 교수이며, 전직 언론인이다.

것, 그리고 자유주의 원칙을 고집하는 것에 점점 익숙해지는 듯하다. 이 시점에 우리는 그다음은 무엇인지를 물어야만 한다. 미국에서는 트럼프가 선거에서 패배했고, 유럽에서는 권위주의적 조류가 물러가고 있다. 그렇다면 저널리즘이 '정상'으로 돌아갈 것이라고 기대해도 되는 걸까? 아니면 스스로를 자유주의의 수호자로 여기기 시작하면서 민주주의의 전복을 시도하는 엘리트라면 누구든 관계없이 그와 맞서는 저널리즘을 보게 될 것인가? 혹은 저널리즘이 엘리트에 대한 의존도에 의문을 품기 시작하면서, 엘리트 지향적 저널리즘이 자유주의적 규범을 받아들였음에도 불구하고 여성, 유색인종, 소수민족, 성소수자 등 억압받아온 이들에게 그 임무를 다한 적이 없다는 것을 깨닫게 될 것인가? 저널리즘은 변한 게 없다는 듯 여유를 부릴 것인가? 아니면 개혁의 길, 혹은 혁명의 길로 나아갈 것인가?

3장

규범

1986년, 박사학위를 받은 지 10년 된 신진 문화사회학자 앤 스위들러Ann Swidler가 문화에 대한 학계의 오랜 관념에 도전하는 학술 논문을 썼다. 학계에서는 오랫동안 거시적인 문화의 사회적 힘에 주목하면서 문화가 내면화한 규범에 의해 생산되는 것으로 여겨왔었다. 하지만 스위들러는 개인 행위자의 주체적이며 전략적인 행위 선택에 주목하면서, 문화를 개인이 행위 전략을 구성하기 위해서 활용하는 신념, 습관, 상징, 기술, 의례, 이야기 등의 레퍼토리 혹은 도구 일체 toolkit로 설명한다. 당시 급성장하던 문화사회학 분야를 선도한 이 〈행위하는 문화: 상징과 전략Culture in Action: Symbols and Strategies〉이라는 논문은 스위들러에게 학술상을 안겨주었고, 지금까지도 사회학 분야에서 가장 널리 인용되는 논문 중 하나로 남아 있다. 스위들러는 "영속되는 것은 '행위가 구성되는 방식'이지 행위의 목적이 아니다"(1986, 276)라고 썼다. 다시 말해, 개인은 규범이나 관습 등에 보편적universal, 일방향적unilateral, 단일차원적unidimensional으로 순응하며 피동적으로 행동하는 존재가 아니다. 개인 행위자는 문화라는 도구통에서 자신의 최선의 이익에 따라 규범 등의 도구를 선택해 행위 전략을 구성한다.

그러나 35년이 지난 지금도 여전히 우리는 스위들러가 뒤집고자 노력했던 바로 그 규범에 관한 낡은 관념과 씨름하고 있다. 저널리즘이 우리와 함께해온 내내, 저널리즘은 보편적, 일방향적, 단일차원적인 규범적 특성을 갖는다는 생각은 뉴스의 작동 방식에 관한 우리의 사고를 지배하고 있다. 규범은 그 규범을 공유하고 있는 직업인들에게 해야 할 행동과 하지 말아야 할 행동이 무엇인지를 암시해주며, 이 기준에는 무언가에 대한 강력한 욕망이 내포되어 있다. 규범은 언론인들의 집단성 형성에 중심적 역할을 하지만, 그 과정은 단조롭고 결과물은 납작하다.

오늘날 널리 받아들여지고 실행되고 있는 규범은 언론인들의 직업적 정체성과 조화를 이루지 못하면서 요점을 잃고 있다. 그리고 그런 규범이 고착되면서 저널리즘 제도의 기능을 떨어뜨리고 있다. 게다가 전 세계 여러 지역에서 언론 규범의 존재 이유 자체가 문제시되고 있다. 언론 규범의 존재

이유는 언론인이 '더 나은 자신'이 되길 추구하게 하는 것이다. 하지만 저널리즘 이상 속의 규범적 조건은 갈수록 현장에서 기자들이 활용하고 있는 실용적 도구들과 분리되고 있다. 다시 말해, 규범은 더 이상 더 나은 언론인이 되는 길을 암시하지 못한다.

왜 규범이 문제인가?

뉴스를 소재로 삼은 대중문화를 본 사람이라면 누구나 기자들이 어떤 규범이 가진 탁월함을 찬양하면서 그들이 감당해야 할 운명을 한탄하는 장면을 쉽게 떠올릴 수 있을 것이다. 1973년에 출간된 티모시 크라우스Timothy Crouse의 기념비적 소설 《버스에 탄 소년들The Boys on the Bus》은 팩 저널리즘pack journalism*의 특성을 드러낸 전환점으로 알려져왔다. 동시에 이 책은 압박 속에서는 주도권을 잡지 못하는 등 기자들이 얼마나 형편없는지를 폭로했다. 사실 집단성과 규범성

---

* 《버스에 탄 소년들》은 1972년 미국의 대통령 선거에서 취재 기자들이 기자단 버스를 타고 전국을 누비는 과정에서 내부에서 형성된 인간적 유대 등이 상호 간의 편의 제공과 정보 교환으로 이어지면서 관행적으로 뉴스를 만드는 과정을 보여준다. 이러한 뉴스 관행을 팩 저널리즘이라고 하는데, 이는 기자들이 개별적인 취재를 하기 보다는 집단적으로 취재를 진행하면서 뉴스 보도가 균일해지고, 자연스레 독창적인 관점 및 주도성이 결여되는 특징으로 나타난다.

은 떼어놓기가 어렵다. 규범은 기자들이 함께해야 할 이유를 제공한다. 기자들은 예측과 통제가 불가능한 역경에 직면하곤 하므로 시공간에 서로 함께 존재하는 것은 중요하다는 식이다. 그렇게 규범은 집단적 행위를 열망하게 만들고, 그 안에서 개인의 위치를 보장해줌으로써 외부적 도전을 극복하는 데 도움을 주겠다고 약속한다.

사회학적 기원에서 규범은 집단적 행위의 책임을 대변하는 용어로서 대중적 울림을 갖는다. 도덕률, 지시, 명령에 대한 의존성 등을 감안한다면 이 용어가 서구 자유민주주의 국가에서 근대 후기를 선도한 학자들에 의해 개발되었다는 것을 알 수 있을 것이다. 이 학자들은 대부분 사회적 지위가 높은 백인 남성으로서 자신의 권위를 이용해 사람들이 어떻게 행동해야 하는지에 대한 일종의 설명서를 고안해냈다. 에밀 뒤르켐은 규범의 중요성을 처음 주장한 학자 중 한 명이다. 그는 규범이 없으면 사회적 교류가 위축되고 아노미anomie* 가 초래될 정도로 규범이 중요하다고 봤다. 뒤르켐은 특징, 규모, 맥락, 적실성, 개인적 의향과 상관없이 사회에 유용한 사회적 사실social facts로 규범을 분류했다. 그의 통찰력을 기반으로, 막스 베버Max Weber와 탤컷 파슨스Talcott Parsons 등의

---

* 뒤르켐이 주장한 사회 병리학의 기본 개념 가운데 하나로 행위를 규제하는 공통 가치나 도덕 기준이 없는 혼돈 상태를 의미한다.

이론가들은 규범을 사회학적 사고의 필수적인 자원으로 성문화했다. 이 과정에서 규범은 특히 집단적 삶과 사회질서를 이해하는 핵심 개념이 되었다. 이 학자들에게 사회집단은 적절한 행동과 마땅히 따라야 할 행동을 암시해주는 무언가를, 즉 규범을 공유함으로써 유지되는 개체이다. 하지만 이 학자들이 구상한 이론적 그림 속에는 규범을 중심으로 한 집단성의 실현을 복잡하게 만들고 방해하는 것들이 대부분 빠져 있다. 그래서인지 애초부터 일각에서는 규범을 무리수라고 비판했다. 하지만 그럼에도 규범은 사회에 기준을 세우려고 할 때면 가장 먼저 떠오르는 문화적 요소로 자리매김하고 있다.

규범은 다양한 방식으로 우리에게 영향을 미친다. 규범은 암시적일 수도 있고 명시적일 수도 있다. 규범은 광범위하게 적용될 수도 있고 협소한 범위에만 영향을 미칠 수도 있다. 규범은 집단 구성원들이 동조함으로써 받아들여질 때가 있는가 하면, 외부적 힘에 의해 공식화될 때도 있다. 공식적인 규범도 있고 비공식적인 규범도 있으며, 직접적인 영향을 미치는 규범도 있고 간접적으로 영향을 미치는 규범도 있다. 가정적 규범이 있는 한편 명확한 규범도 있고, 의무적 규범이 있는 한편 선택적 규범도 있다. 보편적으로 적용되는 규범이 있는 반면, 개인의 재량에 따른 규범도 있다. 학계의 논의 속에 오랫동안 병치되어 있는 개념인 사회구조와 행위주체agency에 바탕을 두고 생각해보면, 집단 형성에 도움이 되는 규범을 확립하기 위해서는 개인 간의 의미 있는 교류를 촉진해주는 사회구조가 필요하다. 사회구조를 인간에게 공유되고 인지상에 존재하는 문화적인 구성물이라고 한다면, 스위들러의 문화에 대한 견해—즉, 규범을 표현의 자유, 균형, 공정성 등 추상적·염원적 개념으로 보기보다는 사회에 관여하고자 하는 사람들이 자신의 생각대로 행동하기 위해 선택하는 도구로 보는 견해—가 바로 그런 사회구조의 예라 할 수 있다. 이 사회구조에서 규범은 사람들이 '함께하는 행동이나 일'의 수준을 끌어올려주는 도구로 여겨지고, 그렇기 때문에 의미 있는 규범을 공유하는 능력이야말로 사회생활을 가능케 한다.

이처럼 규범의 잠재력은 풍부하고 광범위하다. 하지만 염원에 부합하는 행위를 이끌어내지 못할 때 규범의 매력은 반감된다. 특히 초기 고전적 학자들은 규범의 발달 과정 중 야기될 수 있는 혼란에 대해서는 충분히 검토하지 않았는데, 이 혼란은 그들이 규범에 못 박아둔 염원에 지속적으로 의문을 제기한다. 예컨대, 비난, 검열, 투옥, 살인, 생계 위협이 수반하는 규범은 온건할 수가 없다. 또한 규범이 발전하기 위해서는 어떤 종류의 집단성이 필요한 것인지 식별하기가 쉽지 않다. 그런 집단성이 있기나 한 것인지, 달성할 수 있는 목표이기나 한 것인지 또한 알기 어렵다. 공동체의 다른 구성원이 의도적으로 규범을 비웃고 의심하고 어길 때, 누군가가 선의를 갖고 규범적으로 행동할 수 있을까?

이러한 상상이 펼쳐지는 무대 전반이 규범이 가진 문제를 드러낸다. 우선, '규범이 행동을 이끌어내려면 얼마만큼의 마음이 필요한 걸까?'라는 질문이 불가피하게 제기된다. 답을 찾기가 어려울 것이다. 이상적 행동의 속성과 일반적 행동의 속성이 얼마나 다른지 생각해보면 알 수 있다. 이는 일상생활에서 정기적으로 일어나는 예측할 수 없고 놀랍거나 우연한 사건을 다룰 만큼 규범이 충분히 갖춰져 있지 않기 때문이기도 하다. 학자들은 이러한 이유로 수년간 규범에 대한 전통적인 관점을 복합적으로 검토해왔으며, 이상적인 개념에서부터 사례 중심의 실제 상황을 고려하는 방향으로 전환하고 있다.

그러나 규범의 이념형적 형태를 유지하려는 경향은 불안정한 시기, 위기의 시기에 가장 강력해진다. 이때 규범의 이상과 실제 현장 경험 간의 차이에서 발생하는 일상적인 혼란스러움을 해결하기 위해 고안된 방법은 여간해서 수용되지 않는다. 그렇기 때문에 혼란에도 불구하고 규범의 이상을 향한 염원이 난무한다. 합의를 정당화하기 위해 사용되는 경우, 규범은 갈등과 논쟁을 묵살하거나 은폐하는 동시에 개인성, 행위주체, 변화를 위해 임기응변을 발휘할 틈을 없앨 방법을 제공한다. 또한 규범이 존재하려면 공유되어야 하지만, 규범이 생성하는 집단성은 으레 불균등하게 경험된다. 권력

행사가 불공평하다는 것은 자명하기 때문에, 그 결과로 나타나는 집단은 기대보다 더 불공정하다. 그리고 그 집단은 함께한다는 것이 무엇을 의미하고 무엇을 필요로 하는지, 또 누구를 위해 어떤 면에서 가치가 있는지에 대하여 잘못된 암시를 준다. 이러한 문제는 오늘날 서구 및 북반구 자유민주주의 국가들이 수용한 규범관 차원에서 다양하게 나타나고 있지만, 비자유주의적 관행 및 비민주주의적 체제의 범주 내에서도 발견되고 있다. 이 모든 문제가 고전적 사회 이론가들이 그린 그림에서 빠져 있다.

놀랄 것도 없지만 규범은 우리 생각만큼 효과적이지 않다. 규범은 기껏해야 일상적이고 예측 가능한 것을 지향하고, 특이한 것을 비정상적인 것으로 분류하고, 부분적이고 대표성이 없는 집단성을 촉진한다. 모두에게 좋다고 주장하지만 규범은 일부에게만, 그리고 특정한 방식으로만 주의를 기울인다. 존 설John Searle(1964)이 "구성적 규칙constitutive rules"*이라고 부른 것처럼 작동하는 규범은 규범이 구성되는 과정의 전략적 성격을 인정하기보다는 마치 진짜 상황을 대표하는 듯이 군다. 규범은 또한 새로운 행동 양식을 만들어내고 정의하는데, 이는 그 행동 양식이 주어진 환경 내에서 특정한 행위자에 의해서만 지향되고 가치를 가질 경우에도 마찬가지다.

제도와 규범의 불일치

팀 할렛Tim Hallett과 마크 벤트레스카Marc Ventresca가 "당연하게 받아들여지고 행동을 조직해내는 광범위한 의미구조"(2006, 214)라고 설명한 사회제도는 규범이 집단 간 불균등하게 확산하는 데 중추적 역할을 한다. 제도는 규범을 굳건하게 만들어주고, 이 규범이 다시 제도의 중심적인 구성원칙 역할을 한다. 규범은 또한 사회제도들 간의 상호작용을 발생시키는데, 이 과정에서 규범은 개별 제도 간의 암묵적 또는 명시적 경계를 넘나들며 공유된다. 이는 규범이 성공적으로 채택되려면 제도들 사이에서 어느 정도 합의가 필요하다는 것을 의미한다. 이때 제도적 환경은 제도들 간 최소한의 공통분모에 맞게 조정되고, 그런 뒤 남은 것은 거의 무시된다.

우리는 이 현상을 저널리즘 제도를 통해 반복적으로 목

---

* 존 설의 '화행이론Speech Act Theory'에서 제안된 개념으로 행위 그 자체는 규칙에 따라 이루어지지 않지만 사회적 실천은 규칙에 의해 지배되는 유형의 행위를 말한다. 존 설은 이를 형식논리적으로 "X는 맥락 C에서 Y로 간주된다"라고 표현한다. 체스를 예로 들어보자. 다양한 종류의 구성적 규칙이 모여 체스 경기라는 관행적인 사회적 실천이 만들어지는데, 개별 체스 선수는 자기 스스로 전략을 짜고 말들을 이리저리 옮기는 행위를 한다. 그런데 체스 경기의 규칙이 없다면, 그러한 행위는 체스 경기라는 의미 있는 사회적 실천이 될 수 없다. 이런 점에서 체스 경기를 의미 있는 사회적 행위로 만들어주는 것은 개별적인 행위라기보다는 구성적 규칙들의 시스템이다.

격해왔다. 예를 들어, '언론인은 행동에 대한 의무로 인하여 함께할 수 있고, 또 함께해야만 한다'라는 가설을 생각해보자. 이 가설은 집단적인 삶에 대한 가정들을 포함하고 있는데, 40년 전 허버트 갠스는 그중 일부가 저널리즘 제도를 주도한다고 봤다. 이러한 가정은 다음과 같다.

질서 정연하며 예측 가능하고 조절 가능하다. 합의와 공감에 기반하여 진행된다. 유사성과 동질성을 촉진한다. 안정된 형태를 유지한다. 해당 집단에 포함된 사람들은 이런 삶을 바란다.

이 전제들은 저널리즘뿐만 아니라 자유민주주의 체제에서 집단적 삶을 규정하는 제도 대부분을 특징짓는다. 그러나 전 세계적으로 사회적 조정 과정에서 확인되는 것처럼, 이 전제들 중 확실한 것은 하나도 없다. 예컨대 벨라루스, 아제르바이잔 등의 신생 민주주의 국가에서는 반자유주의 및 권위주의로 인하여 사회적·정치적 탄압이 강화되고 있다. 인종차별, 성차별, 외국인혐오, 동성애혐오, 정착민–식민주의 Settler-Colonialism* 등의 구조적 폭력은 대륙 전역에 뿌리를 내리고 있고, 모든 곳에서 포퓰리즘은 부활하고 있으며 증오범죄는 증가하고 있다.

이렇게 공동체에서 규범에 대한 열망이 사그라지면, 기

자와 편집자들이 그 희생자가 되는 경우가 많다. 예를 들어, 인도에서 무슬림에 대한 힌두교의 폭력을 비판한 언론사들이 불시에 폐쇄 조치를 당하는 일이 발생했는데, 이때 관료들은 언론 자율성을 위한 필수 전제 조건으로 "책임 있는 자유"를 언급했다. 2020년에 필리핀 당국은 저명 언론인 마리아 레사Maria Ressa**에게 "그가 쓰지도, 편집하지도, 지시하지도 않은 기사"를 이유로 유죄 판결을 내렸다. 게다가 "그 기사가 발행되었을 당시 해당 범죄 조항은 존재하지도 않았다". 당시 판사는 마리아 레사에게 "자유란 단순히 자신에게 씌워진 굴레를 벗어던지는 게 아니라, 타인의 자유를 존중하고 드높이는 방식으로 살아가는 것"이라고 훈계했다. 《디애틀랜틱The Atlantic》의 셰일라 코로넬Sheila Coronel***의 말처럼, "민주적 규범의 침식, 사회제도의 부패, 법원과 의회의 의사결정권자들의 비겁한 타협이 똑, 똑, 똑 떨어지는 물방울처럼 끊임없이 이어진다. 이게 바로 21세기에 민주주의가 죽어가는 방식이다"(2020, n.p.).

---

* 정착민들이 원주민과 원주민 문화를 말살함으로써 정착민 사회로 대체해가는 식민주의의 한 형태를 가리킨다. 정착민-식민주의는 폭력적인 원주민 인구 감소, 토착적 가치관과 정체성을 식민지적 틀에 맞추는 동화 정책 등 다양한 방식을 동원하면서 진행된다. 미국과 캐나다의 백인 정착민들이 아메리카 원주민들에게 가한 정복 과정, 이스라엘의 팔레스타인 지배 등이 정착민-식민주의의 대표 사례다.
** 필리핀의 언론인으로 러시아 언론인 드미트리 무라토프와 함께 표현의 자유를 수호하기 위해 노력한 공로로 2021년 노벨 평화상을 받았다.
*** 필리핀 태생의 탐사 저널리스트이자 컬럼비아대학 저널리즘스쿨 교수.

언론인들은 무감각하게 일률적으로 규범적 행동에 사회화된다고 여겨진다. 래윈 코넬Raewyn Connell*의 "복종에는 보상이 따르고, 일탈에는 처벌이 따른다"(2002, 28)라는 말이 이를 잘 담고 있는데, 이 보편적 생각마저도 한계가 따른다. 만약 기자들이 본질적으로 그런 식으로 사회화된다면, 언론사에서는 비규범적 행동, 불일치, 항의, 직무 태만의 사례가 거의 없었어야 마땅하다. 그 대신, 전 세계적으로 너무 많은 언론인들의 삶에서 폭력이 당연시되어왔다는 사실은 규범에 대한 획일적인 대응이 자발적인 준수라고 단순히 치부될 수 없는 훨씬 더 복잡한 문제라는 것을 시사한다. 즉, 규범은 충분한 사회화 없이도, 집단적으로 중요한 세부 사항에 대한 수용 없이도 제도의 일상적인 작동에서 비롯된 은밀한 강요나 지시에 의해 재생산될 수 있다.

통념적인 규범성의 영역으로까지 침투하는 일은 드물긴 하나, 서로 다른 저널리즘 규범이 상이한 장소에서 생겨나는 경우도 있다. 예를 들어, 남반구에는 반식민주의 혹은 반인종주의 관련 규범이 널리 퍼져 있지만, 다른 지역에서는 드물게 나타난다. 게오르크 짐멜Georg Simmel이 모순된 규범들 사이에서 독특한 행동이 나타날 수 있다는 것을 입증하긴 했으나,** 규범은 적어도 적용 대상인 사람들의 마음을 어느 정

---

* 오스트레일리아의 사회학자. 남성성과 남성학 연구의 권위자이다.

도 헤아려 반영될 필요가 있다. 아파르트헤이트***에서 민주주의로 이행하는 동안 남아프리카공화국의 기자들은 허먼 와서먼Herman Wasserman****이 "뉴스거리에 대한 중산층적 관점"(2018, 81)이라고 명명한 관점을 채택했다. 신자유주의적 조절 양식에 의해 남아공의 빈민들은 아파르트헤이트 체제 하에서 그랬던 것처럼 여전히 권리를 박탈당한 채 남아 있음에도 불구하고 말이다.

규범의 양태는 그 규범이 어떤 틀에 담겨 인식되느냐에 따라서도 달라질 수 있는데, 그 틀은 불안정하고 끊임없이 변화한다. 이 때문에 규범에 대한 제도의 의존성은 문제가 될 수 있다. 같은 맥락에서, 한때 비정형적이었던 조건을 처리하기 위해 제정되었던 저널리즘 규범이 더는 그 조건이 존재하지 않음에도 불구하고 잔존해 있는 경우도 적지 않다. 예컨대, '저널리즘은 어디에서나 진실, 책임, 사회정의를 지향한다'는 주장은 보편적으로 적용 가능하지 않다. 체리안

** 게오르크 짐멜은 개별적이고 독특한 것을 표현하는 행동이 집단과 융합되고자 하는 욕망에 의해 나타날 수 있다는 것을 '유행'을 통해 설명했다. 짐멜은 사회적 유행을 개인적 분리와 사회적 결합을 모두 포함하는 현상이라고 봤다. 즉, 유행을 따른다는 것은 자신의 독특함을 강조하여 다른 이들과 차이를 두어 구분되고자 하는 욕구와 유행을 모방하여 집단 내에서 동질감을 느끼고자 하는 욕구 사이에서 균형을 유지하는 행위이다.

*** 아파르트헤이트는 아프리칸스어로 '분리'라는 뜻으로 남아프리카공화국에서 소수 백색인종과 유색인종을 격리한 차별 정책을 말한다.

**** 남아프리카공화국 스텔렌보스대학의 언론학 교수. 기자로 일하기도 했다.

조지Cherian George*에 따르면, 싱가포르 정부가 뉴스에서 허용되는 종교와 인종에 관한 논의에 제한을 둔 이후, 진실을 주장하는 행위는 자기 검열을 수반하고 위험을 감수해야만 할 수 있는 무언가가 되었다. 인식의 플랫폼이 달라지니 규범의 처지가 달라진 꼴이다.

마지막 고려 대상은 '규범적 열정은 저널리즘이 대중에게 봉사하는 데 도움이 된다'라는 보편적인 신념이다. 이 신념은 자유민주주의 체제의 제도가 그 서비스를 제공받는 사람들을 대표한다는 생각을 고착시킨다. 제도적 행위자가 공동의 이익을 염두에 두고 자유롭게 행위한다는 생각은 저널리즘 등의 제도가 공익을 위해 일할 수 있다는 기대감을 높인다. 하지만 #BlackLivesMatter, #MeToo, 코로나19 등 최근 몇 년간 발생한 주요 사건은 이 기대가 얼마나 근거 없는 것인지를 여실히 드러냈다. 일부 뉴스룸에 존재하는 균등과 인종 무시color blindness** 규범은 인종적 불평등을 세밀히 분석하고 이해하는 데 필요한 인종에 대한 논의를 방해하고

---

*   홍콩침례대학 커뮤니케이션학부 교수다. 언론 자유와 검열, 싱가포르 언론과 정치 등을 주제로 연구하고 있다.

**   인종, 문화 등의 배경과 관계없이 개인을 가능한 한 균등하게 대하는 것이 인종적 불평등을 해소하는 방법이라고 주장하는 인종적 이념이다. 적극적 차별 철폐 조치affirmative action에 대한 반대, #BlackLivesMatter 운동에 '백인의 생명도 소중하다'는 의미의 #WhiteLivesMatter 운동으로 대응하는 흐름 등을 포함한다. 표면적으로는 인종적 소수자의 삶의 경험을 무시하는 것으로 나타나며, 더 나아가 구조적 인종적 차별이 더는 존재하지 않는다고 주장한다.

억누른다. 동시에 기자는 "일을 최우선시"해야 하고, 위험을 무릅쓰고 취재해야 한다고 주장하는 언론노동에 대한 일종의 남성주의적 접근법tough approach은 광범위한 성적 괴롭힘으로 인해 사회적 지위가 약화된 여성의 입을 막고 소외시킨다. 또한 원주민 뉴스를 생산하는 지역에서 뉴스의 관리, 제작, 보도 전반에 걸쳐 원주민 당사자를 보기 어려운 상황은 전 세계에 정착민-식민주의의 뿌리가 얼마나 깊은지를 부각한다. 언론인이라는 상상의 공동체가 포용을 향해 내딛는 모든 단계에 계속해서 배제를 조장하는 막이 뒤따라 드리워진다. 그 결과, 저널리즘의 봉사 대상은 언제나 실재하는 공중의 극히 일부분에 불과하다.

학문적 관심이 충분하지는 않으나, 근래 들어 학계는 이 모든 것이 뉴스룸에 오랫동안 존재해왔다는 점을 명확히 지적하고 있다. 인종 분야의 사라 J. 잭슨과 캐서린 R. 스콰이어스Catherine R. Squires, 토착성 분야의 캔디스 칼리슨과 메리 린 영Mary Lynn Young 등의 학자들은 규범적으로 견고하게 뿌리내린 저널리즘이 집단성을 부실하게 정의함으로써 어떤 병폐가 수반되고 있는지 드러냈다. 규범성은 모든 언론노동은 공통의 목적을 지향한다는 환상을 지속시키는 동시에 정상적인 뉴스룸 문화의 일부로서 여러 형태의 억압—인종주의, 성차별 및 여성혐오, 계급 편견, 외국인혐오, 동성애혐오, 정착민-식민주의 등—을 발생시킨다. 설상가상으로, 현실을 거의 반영하지 않는, 이른바 허상의 공동체인 언론인들 속에 감춰져 있는 그 억압은 뉴스에 고스란히 반영된다. 따라서 언론인들의 보도 행위는 최소한 편향적, 고정관념적 표상을, 최악의 경우에는 인종주의, 동성애혐오, 여성혐오, 엘리트주의적인 표상을 만들어내고 있다. 요컨대, 저널리즘도 다른 제도와 마찬가지로 안정, 합의, 질서 정연과 거리가 먼, 그리고 규범적 불일치를 보이는 제도가 되어가고 있다.

저널리즘 규범은 명확하지 않다

전문가로서 언론인이라는 개념은 후기 근대의 서구 자유민주주의 국가들에서 자리 잡기 시작했는데, 오늘날 언론 직업 규범의 상당수가 여전히 그 순간에 매여 있다. 이 때문에 일탈적인 저널리즘적 행위를 이해하기 위한 단서로서 저널리즘 규범은 부적절한 측면이 있다. 대부분의 학자들은 서구에서 뉴스 제작의 전문화 과정이 시작된 19세기 후반부터 20세기 초반 사이를 그 기원으로 꼽는다. 이 시기 저널리즘 규범의 출현을 설명하는 방식은 크게 다음 두 가지로 나뉜다. 첫 번째는 권위주의를 타파하는 자유주의 사회의 역사를 중심으로 한 정치적인 해석이다. 두 번째는 경제적인 해석인데, 자유 시장의 힘과 계급 재구성 과정이 언론으로 하여금 대중의 마음을 사로잡을 방법을 찾게 했고, 그 과정에서 언론이 중립적 입장의 중요성을 파악했다는 것이 그 골자다. 특히 이데올로기적 산물로서 전문직주의는 언론인을 공정하고 균형 잡힌 숙의의 촉진자, 뉴스의 수문장으로 인식되게 했다. 실비오 웨이스보드Silvio Waisbord에 따르면, "직업적 차원과 규범적 차원의 끊임없는 혼합"(2013, 6)으로 인해 "전문성" 개념의 정의는 여전히 모호하다. 그럼에도 전문성은 존 네론John Nerone의 말대로 "언론 노동자, 언론 사주, 대중이라는 세 이해 당사자 사이에 중재된 합의"(2012, 450)를 제공한다. 언론인들이 취재하고 보도하는 과정을 조직화하면서 편견을 회피할 수 있는 방식으로 직업적 기준이 설정됨에 따라 '언론인은 전문직'이라는 인식은 그 모순과 수정 가능성에도 불구하고 널리 퍼져나갔다. 이처럼 규범의 확립은 윤리 강령, 전문 서적, 저널리즘 스쿨 등의 기획과 더불어 저널리즘의 전문직화에 핵심적인 역할을 했다.

그러나 규범에 집중하다 보면 종종 다른 조건의 영향력을 간과하거나 회피하게 된다. 예컨대, 클라우디아 멜라도Claudia Melado가 나열한 다음의 조건들만 해도 설명을 복잡하게 만든다.

다양한 유형의 권위주의, 민주화를 향한 험난한 길, 식민지화의 역사와 그에 따른 제국주의 열강이 고안한 언론 및 미디어 제도와의 유사성, 반언론 폭력 등 사회적 폭력의 만연함, 약화된 법치, 사회적·인종적 갈등, 엘리트 중심의 언론, 언론 자유 및 정보 접근권의 제약, 광범위한 부패, 언론과 국가의 공모, 언론사의 소유 집중. (2020, 12)

학자들은 원시적 형태의 규범적 이상이 뿌리내리는 것을 방관하지 않았다. 예컨대, 직업 유동성으로 인하여 언론 규범의 이상적 속성과 전형적 속성 간의 비율이 재조정되고 있다고 주장한 마크 듀즈Mark Deuze는 이 변화를 주도하는 요인으로 멀티미디어와 다문화주의를 꼽았다. 토마스 하니츄Thomas Hanitzsch는 동료들과 함께 규범적 속성이 국가별로 얼마나 다르게 배합되어 있는지 연구했고, 에드손 탄독Edson Tandoc과 조이 젠킨스Joy Jenkins는 《샤를리 에브도Charlie Hebdo》 테러 사건* 등이 어떻게 뉴스 규범을 재고하게 만들었는지 조사했다. 이들 모두가 저널리즘 규범들이 서로 일관성이 없고 모순적이라는 사실을 발견했는데, 듀즈의 말을 빌리자면 결국 "저널리즘은 계속해서 스스로를 재창조한다"(2005, 447). 그런데 이때 저널리즘이 반복적으로 동의해 온 규범적 기준 그 자체가 재창조되는 것은 아니다. 즉, 저널

---

* 2015년 1월 7일 이슬람 근본주의 성향의 두 테러리스트가 파리11구에 위치한 풍자 시사만화 주간지 《샤를리 에브도》의 본사를 급습하여 총기를 난사한 사건. 12명이 사망했고 10여 명이 중상을 입었다.

리즘은 그 규범적 기준의 근거만 다시 만든다. 이러한 측면에서 듀즈는 "객관성은 불가능한 무언가처럼 여겨질 수 있다. 하지만 그게 객관성을 추구하지 말아야 한다는 것은 아니다"(2005, 448)라는 주장 등, 객관성에 대한 수용, 거부, 비판적 재평가 모두가 저널리즘이 객관성을 이데올로기화하는 데 도움이 된다고 주장했다. 물론 이러한 규범의 지속성도 상황에 따라 마모될 여지는 있다. 예를 들어, 트럼프 정권 동안 객관성, 공평성, 공정성, 균형, 절제, 존중 등의 규범을 재고하자고 하는 데 얼마나 많은 미디어 공간이 할애되었는지 생각해보라. 트럼프 집권이 끝날 때까지 이 규범의 일부는 변한 채로 임기응변을 통해 꾸역꾸역 이행되었고, 새로운 정권이 들어선 이후 미국 언론은 다시 본래의 규범적 이상을 추구하기 시작했다.

저널리즘에 관한 학술적인 논의는 필연적으로 특정 직업 규범을 중심에 두기 마련이고, 또 200년 가까이 저널리즘과 함께해왔다는 사실 때문에 그 규범들은 명확하다고 여겨진다. 언론계에서 가장 흔히 인용되는 규범적 기준은 아마도 정확성, 진실성, 책임성, 독립성, 투명성일 텐데, 이는 당연하게도 서구 자유민주주의 국가의 후기 근대성과 공명한다. 불편부당성, 공정성, 사회적 책임, 공익을 위한 봉사 등도 비교적 자주 언급되는 규범적 기준이며, 타인의 의견에 대한 존중, 절제도 포함되곤 한다. 객관성, 균등성, 기계적 중립 등은 수십 년에 걸쳐 사라지는 추세지만, 일부 진영은 여전히 고수하고 있다. 요점은 저널리즘과 관련하여 가장 많이 선언되는 규범적 사고방식, 그 규범적 상상 속에 존재하는 정확한 원칙이 생각처럼 명확하지 않다는 것이다. 또한 모두가 현대적 의의가 있는 것도 아니다. 저널리즘의 존재 방식, 뉴스의 특징 등은 사회제도가 속한 맥락에 맞게 조정되어야 한다.

결함투성이 저널리즘 규범의 세 가지 욕망

이러한 상황은 규범적 저널리즘에 관한 성찰을 방해함으로써 결함투성이인 세 가지 욕망을 만들어냈다. 이 욕망들은 서로 맞물려 영향을 주고받는 성향, 즉 일체성을 갖는다. 이를 "부적실함의 삼위일체triad of irrelevancies"라고 칭하자.

이 부적실함의 삼위일체는 저널리즘 규범이 선택해온 환경, 그리고 그 선택을 이끌어낸 충동이 사려 깊지 않았다는 것을 보여준다. 근대 후기 자유민주주의 시스템 내에서 만들어져 그 특성이 남아 있는 뉴스룸. 그 뉴스룸은 여성·유색인종·LGBTQIA·토착민·비정규직 등 자기 목소리를 낼 힘이 제한된 이들이 존재하는 곳이다. 그리고 그러한 선택의 대안마저도 규범적 저널리즘의 한계를 드러낸다. 예컨대, 남반구의 하이브리드 뉴스룸에서는 언론인들이 생존을 위해 정기적으로 모순적이고도 반규범적인 결정을 내려야만 한다. 이 삼위일체의 각 부분은 저널리즘을 현실로부터 유리시키는 요인이다.

자유민주주의에 영합한다

그렇다면 저널리즘 규범이 그들이 선택해온 환경, 즉 자유민주주의 뉴스룸의 원시적 조건에 집착한 결과는 무엇일까? 그 선택으로 인하여 저널리즘 규범은 얼마나 현실로부터 동떨어진 것이 되었을까? 아메리카 대륙의 브라질, 베네수엘라와 미국, 유럽의 헝가리, 아제르바이잔과 폴란드, 아프리카의 나이지리아와 케냐, 아시아의 홍콩과 말레이시아 등 수많은 대륙에서 민주주의는 갖가지 형태를 띠고 있는데, 이는 규범적 저널리즘이 집착해온 조건의 현실화가 어려워지고 있다는 증거다.*

하지만 그러한 조건을 생성하는 규범이 너무나도 확고하기 때문에 언론인은 자신이 흔들리고 문제가 생길 때 그 조건을 문제시하기를 주저한다. 대신 《뉴요커The New Yorker》의 젤라니 코브Jelani Cobb(2020)가 최근 미국의 언론인에 대해 말했듯이, 이른바 트럼프주의의 도전은 "제도적 사고를 가진

---

*   이 나라들은 모두 2020년 《이코노미스트》의 정보팀에 의해 결함 있는 민주주의 국가로 분류되었다.

언론의 전반적인 실패"로 끝나고 말았다. "제도적 비겁함"은 언론인들의 "수용을 더디게" 만들었고, 그들 "대다수는 트럼프 정부를 분노하게 만들 만한 저돌성을 갖고 있지 않았다". 마찬가지로 고리타분하고 현실과 동떨어진 규범을 고수하면서 그 규범을 마치 구명조끼처럼 여기는 언론인이 많았는데, 인지하지 못했을 뿐 그들은 이미 물에 가라앉고 있었다. 코브의 말을 빌리면, 그들은 "기꺼이 선의에 따라 행동하고 있다고 믿었고 …… 언론은 전통적인 방식으로는 무엇도 할 수 없다는 것을 이해하려고 하지 않았다"(2020).

자유민주주의를 중시하는 경향은 그 안에서 생겨나는 괴리를 감출 뿐만 아니라 언론인이 현대 민주주의 사회를 괴롭히는 불평등, 주변화, 억압 등의 문제를 간과하고 있다는 것을 숨기기도 한다. 또한 자유민주주의의 이분법적 대항, 즉 독재 정권과 권위주의 체제에서 수행되는 일들을 언론이 최소화하게 만든다. 결국 자유민주주의 국가와 다른 종류의 정치 체제 사이의 격차 너머에 존재할지도 모를, 견실하고 지속 가능한 규범적 배합을 식별할 수 있는 능력을 상실케 한다.

권력에 영합한다

자유민주주의 뉴스룸에 상주하지만 권력을 거의 갖지 못한 이들. 이들마저 저널리즘 규범을 지키고자 한다. 이러한 저널리즘 규범의 고착 능력을 고려해볼 필요가 있다. 규범적인 환경에서 만들어지는 선택의 이면을 들여다보면 상황은 그리 고무적이지 않다. 뉴스룸 내에서 젠더, 인종, 계급, 민족, 직업 등 불안정성의 원인이 되는 정체성을 두고 투쟁하는 이들에게 지난 몇 년은 특히 어려운 시기였다. 프리랜서나 비상근 통신원 등의 비정규직, 유색인종이나 여성과 같은 상대적으로 소외된 이들이 실제로 얼마나 권한이 없고 권리를 박탈당해왔는지가 공개적, 구체적으로 드러나기도 했다. #BlackLivesMatter와 #MeToo는 규범적 기준이 언론인을 다시 사회와 결합시킬 능력이 없다는 것을 확인한 대표적인 사례다.

미국만 하더라도 근 몇 년간 유명 언론인 여럿이 여성혐오 및 성차별적 행동으로 언론사에서 해임되었다. 하지만 여전히 인종차별 등의 문제가 있는 정책과 보도로 인하여 《뉴욕타임스》를 필두로 하여 여러 뉴스룸에서 흑인 언론인들이 떠나고 있다.* 그런데도 인종차별 경험을 뉴스룸에 들인다는 이유로 흑인 언론인을 편향됐다고 분류하는 것을 보면, 뉴스 제작 규범이 온전히 작동하지 않는다는 것은 명백해 보인다. 2020년 《뉴욕타임스》의 〈객관성에 대한 흑인 언론인들의 평가〉 제하의 오피니언에서 웨슬리 로워리Wesley Lowery** 는 객관성을 "백인의 관점과 성향"이라고 지적하면서 이를 논점의 틀로 선택했는데, 이는 다소 부적절하다. 개념으로서 객관성의 결점은 이미 신랄하게 논의되어왔다. 지금쯤이면 시대착오적 표현으로 자리 잡았어야 할 용어다. 현대적 의의가 없음에도 불구하고 사라지지 않는 객관성. 이러한 끈질김이야말로 바로 규범의 고착 능력의 증거다.

2017년 아르헨티나 중간선거 기간 중 베테랑 기자 마리아 오도넬Maria O'Donnell은 "《클라린Clarín》에서는 어떤 여성도 최고의 정치 및 경제 정보를 제공할 수 없는 것 같다"라는 내용의 트윗을 게시하여 큰 호응을 이끌어냈다. 남성 칼럼니스트 12명의 모습과 함께 "최고의 정치 및 경제 정보"를 제공한다는 내용을 담은 아르헨티나 주요 일간지 《클라린》에 실린 광고를 언급한 이 트윗은 남미 뉴스룸 내에서 의견 형성 권력을 중심으로 심화되어온 성차별 관행을 꼬집는다. 실제로 유제니아 미첼스타인Eugenia Mitchelstein은 동료들과 함께 수행

---

* 예를 들어, 2020년 8월 미국의 음식 관련 유명 월간지 《본아페티트Bon Appetit》에서는 5명의 흑인 언론인이 임금 불평등과 직장 문화의 문제 등의 이유로 사표를 던졌다. 한편, 2020년은 조지 플로이드의 사망으로 미국에서 촉발된 인종차별 반대 운동이 미국 언론계로 번진 해이다. 임직원 구성의 다양성은 물론, 뉴스 주제, 관점과 관련해 체계적인 인종차별 문제 등이 《뉴욕타임스》《엘에이타임스》 등 여러 언론사 내부에서 연이어 제기되었다. 칼라 머피Carla Murkhy는 2020년에 미국의 전직 유색인종 언론인 101명을 대상으로 설문을 실시했는데, 과반수 이상의 응답자가 인종차별, 성차별, 여성혐오, 백인 남성 우선주의 등의 문제가 언론계를 떠나는 데 영향을 미쳤다고 답했다. 참고로 퓨리서치센터의 2018년 조사에 따르면, 미국 취재기자 및 편집자의 77%가 백인이다.

** 아프리카계 미국 언론인으로서 사법 정의, 인종 문제를 주로 취재하고 있다. 《워싱턴포스트》에서 일할 당시 2015년에 발발한 990건의 경찰 총격 사건을 파헤친 프로젝트 '치명적인 폭력Fatal Force'으로 퓰리처상(2016)을 받았다.

한 2019년 연구에서 8개의 주요 아르헨티나 뉴스 사이트에 게재된 모든 기사의 33%가 여성이 쓴 기사인 반면, 오피니언의 경우 그 수치가 15%로 떨어진다는 사실을 밝힌 바 있다.

북반구에 영합한다

저널리즘 규범의 부적실성은 소위 대안적 환경이라 불리는 남반구에서도 나타난다. 웬디 윌렘스Wendy Willems의 "규범적 탈서구화normative dewesternization" 개념이 이러한 현상을 잘 설명해주는데, 남반구의 무언가가 북반구에서 기인할 때, "북반구의 부정적인 자취를 따를 때, 또는 북반구의 적극적인 간섭을 받을 때"(2014, 7) 주의를 기울일 필요가 있다는 것이다. 이러한 전략적 관심은 여러 문제를 제기하는데, 그중 핵심은 북반구야말로 남반구로부터 배워야 할 게 많다는 점이다. 비자유주의적 가치가 점점 더 확고해지는 작금의 상황을 감안한다면, 제임스 와후투James Wahutu***가 아프리카에서 관찰한 것처럼 "적대적인 정권에서 일하는 노하우"를 보유한 언론인이 필요해질지도 모를 일이다.

그러나 남반구에 존재하는 어떤 조건은 북반구식 규범적 사고방식의 핵심을 감춘다. 더 심각하거나 아예 다른 형

*** 뉴욕대 미디어·문화·커뮤니케이션학과 교수로서 사하라 사막 이남 아프리카의 집단학살, 폭력, 민족성 등의 이슈를 미디어 사회학적 관점에서 연구하고 있다.

태로 존재하는 경우도 있다. 예를 들어, 줄리안 매튜스Julian Matthews와 켈레치 온예마오비Kelechi Onyemaobi(2020)가 "불안정한 전문성precarious professionalism"이라는 개념을 통해 설명했듯이, 불안정성precarity은 남반구의 뿌리 깊은 식민주의 관행과 결합하여 새로운 의미를 갖는다. 또 다른 예로 허먼 와서먼은 남아프리카공화국의 "고립이 종결되었을 때 세계화의 영향력이 더 심화되었다"(2018, 81)라고 설명한 적이 있는데, 이는 국가 발전의 원동력이 반드시 규범에 대한 북반구식 관점과 상응할 필요가 없다는 것을 보여준다.

요점은 남반구의 언론인들은 그들 자신의 규범적 틀을 만드는 과정에서 어김없이 북반구의 규범적 틀을 절충한다는 것이다. 아프리카의 우분투주의ubuntism,* 남미의 감시견watchdog 저널리즘** 등의 대안적 틀은 호황을 맞고 있다. 그런데 이런 호황은 현실을 흐릿하게 만든다. 자이로 루고-오칸도Jairo Lugo-Ocando***는 이렇게 말했다. "남반구 언론이 자

---

*   사람들 간의 관계와 헌신에 중점을 둔 아프리카의 도덕철학적 관점이다. 아프리카 언론계는 저널리즘 규범적 틀로서 우분투주의의 가치를 높이 산다.
**   1980년대 이후 남미에서는 권력 오남용 감시를 골자로 하는 감시견 저널리즘이 괄목할 만한 발전을 이뤘다. 독재 정권하에서 주로 비주류 및 지하 언론에 의해 발현되기 시작했다. 남미의 감시견 저널리즘은 그 기능과 외형상 영미권의 탐사보도 investigative reporting와 유사하다. 하지만 실비오 와이스보드Silvio Waisbord에 따르면, 대체로 객관성이나 공익성 등 자유주의 기반 저널리즘 제도의 기본 개념을 무시하는 경향을 보이며, 스캔들을 유발하고자 하는 당사자로부터의 폭로에 기반한 보도가 주를 이룬다.

신의 이야기를 하려면 그들이 떠받들고 있는 규범이 자신의 것이 아니라는 사실을 받아들여야 한다. 그 규범적 욕구는 백인이 문명의 이름으로 정복하고, 강탈하고, 강간하고, 노예로 삼았던 그 시대, 그 장소에서 기인한다"(2020, 162).

북반구에서는 남반구의 조건 속에서 구축되고 유지되어 온 규범의 자율성을 인정하지 않는다. 규범은 세계화된 북반구의 허상 속에 고립되어 있으며, 그 속에서 가장 선명하게 존재한다. 존 네론은 이렇게 말했다. "서구 저널리즘의 규범은 영감을 줄 수 있다. 하지만 숭배의 대상이 된다면 이야기는 달라진다"(2012, 456).

부적실성의 삼위일체는 심각한 문제다. 규범에 대한 집착은 언론인을 포함한 그 누구에게도 도움이 되지 않는다. 소모적이고 불완전하고 엘리트적이며 시대착오적인 열망에 사로잡힘으로써 언론인들은 자신이 얼마나 규범적으로 수정되어야만 하는 존재인지를 드러내고 있다. 그들의 규범성은 현장의 조건으로부터 너무나도 멀리 떨어져 있다.

*** 아랍에미리트 샤르자대학 커뮤니케이션칼리지 학장. 라틴아메리카와 미국에서 언론인으로 활동하기도 했다.

소결: 변화가 절실히 필요하다

저널리즘의 규범적 부적실성은 새로운 이야기가 아니다. 학자들은 규범적 합의가 기자들이 보도하는 현장, 언론사가 존재하는 맥락에서 벗어나서는 번창할 수 없다고 말해왔다. 하지만 그걸로는 더 이상 충분하지 않다. 저널리즘은 개혁이냐 혁명이냐, 엄연한 선택의 기로에 섰다. 부적실함의 삼위일체는 저널리즘의 쇠퇴가 정적이지 않다는 것, 그리고 그 생존 가능성이 줄고 있다는 것을 보여준다. 저널리즘은 총괄적·집단적·지속적인 성찰과 수정으로만 생존할 수 있다. 규범은 계속해서 높은 수행성을 통해 과업을 이행해나갈 것이기 때문이며, 그 부적실성은 결국 모든 곳에 있는 언론인들을 나가떨어지게 할 것이다.

2013년 한 인터뷰에서 앤 스위들러는 중요한 것이 무엇인지 이해하고자 한다면 "문화가 어떻게 동원되고 어떻게 사용되는지 살펴보라"고 촉구한 바 있다. 스위들러는 이렇게 말했다. "사람들은 특정 분야에 자기 자신을 순응시키기 위하여 랜드마크와 같은 문화를 사용한다. 그 분야에서 그들은 자신이 사용하는 문화를 흡수하지 않고도 믿거나 느끼거나 관심을 가질 수 있다." 스위들러의 말은 적확하다. 규범은 적응의 랜드마크, 마치 특정 영역의 일부만 캡처한 지도에서 이정표를 가리키는 정도의 역할을 하는 실용적인 도구일 뿐이다.

오늘날을 불안정한 시대, 변화를 요하는 시기로 보는 것은 우리가 처음이 아니다. 하지만 우리가 마지막이길 바란다. 현재의 혼란에서 벗어나는 데 도움이 될 수 있는 직업 규범이 언론인들에게 절실히 필요한 상태다. 하지만 그럼에도 현대적 의의가 없는, 부적실한 규범에 의존하는 것은 규범이 전혀 없는 것보다 더 나쁜 결과를 초래할 수 있다. 지금은 언론인과 언론학자들이 현재 규범 형태와 구성의 부적실성을 인식하고, 어떤 대안이 가능할 것인지 밝히기 위해 최선을 다해야 할 때이다. 개혁인가, 혁명인가? 변화의 필요성이 그 어느 때보다 커졌다.

4장

수용자는 누구인가? 그들은 어떤 식으로, 그리고 왜 중요한가? 이 질문에 대한 언론계의 답, 즉 수용자에 관한 저널리즘적 이해 방식은 오늘날 저널리즘이 사회와 무관해진 이유 중 하나다. 이번 장은 수용자에 관해 이야기한다. 두 개의 에피소드로 시작할 텐데, 각각 언론사의 입장에서 수용자가 더 중요해지고 있는 상황을 보여줄 것이다.

첫 번째 에피소드는 2008년 2월의 춥고도 화창한 날 아침, 이 책의 저자 중 한 명인 보즈코브스키가 매사추세츠주의 케임브리지에서 겪은 이야기다. 보즈코브스키는 케임브리지 인근의 조용하고 호화로운 거리에 위치한 미국예술과학아카데미American Academy of Arts and Sciences 건물에 과학자, 언론인, 미디어 학자 등으로 구성된 과학 및 미디어 실무단의 회의 참석차 들어갔다. 대중에게 과학적 문제를 더 제대로, 충분히 전달하는 방법을 논의하기 위한 그룹이었는데, 보즈코브스키는 언론사가 뉴스 가치가 있다고 여기는 기사와 대중이 관심을 갖는 기사 간 차이에 관한 그의 최근 연구 내용 발표를 요청받았다. 회의 중에 《뉴욕타임스》의 전 과학 섹션 에디터이자 현 브라운대학 주재 작가 겸 강사인 코넬리아 딘Cornelia Dean이 인상적인 일화를 소개했다. 그는 에디터로 임명된 후 파견된 집중 관리 교육 프로그램에서 《뉴욕타임스》의 마케팅 부서에는 정기 설문조사와 포커스 그룹 인터뷰를 통해 광범위하게 수집된 독자의 선호도 및 이용 행태에 관한 데이터가 있다는 것을 알게 되었다. 그는 과학 섹션 개선을 위해 해당 데이터의 접근권을 갖고 싶다는 의사를 내비쳤지만 단칼에 거절당했다. 독자가 무엇을 원하는지 알고 그것을 충족시키는 것은 《뉴욕타임스》의 편집 독립성을 위태롭게 할 수 있다는 이유였다. 우리가 보기에는 저널리즘의 제도적 자율성을 향한 보다 일반적인 형태의 열망이 거절 이유의 기저에 자리하고 있었다.

이 첫 번째 일화로부터 약 1년 전, 보즈코브스키는 아르헨티나에서 가장 많이 판매되는 신문인 《클라린》에서 당시 국내 뉴스 데스크 에디터 직을 맡았던 페르난도 곤살레스 Fernando González와 인터뷰를 진행했는데, 그의 이야기는 《뉴욕타임스》 사례와는 사뭇 달랐다. 이 인터뷰는 《클라린》 뉴

저널리즘 선언

스룸 내에 있는 곤살레스의 사무실에서 이뤄졌는데, 그 건물은 미국예술과학아카데미가 자리한 곳과 아주 대비되는 분위기를 풍긴 지역에 있었다. 건물 생김새도 마찬가지였다. 부에노스아이레스에서 가장 분주한 교통 허브 중 하나인 콘스티투시온Constitución에서 한 블록 떨어져 있는 노동자계급 거주 지역 바라카스Barracas에 자리 잡은 《클라린》 본사는 거대한 시멘트로 된 정육면체 모양이었는데, 세련미하고는 거리가 먼 그 모습이 마치 《클라린》의 경제적·정치적 권력을 상징적으로 발산하는 듯했다. 곤살레스의 사무실은 수수했다. 간소한 책상과 의자 몇 개가 놓여 있었고, 그 맞은편 벽에는 작은 텔레비전이 걸려 있었다. 책상 위에는 가족사진 몇 장과 수많은 종이가 널려 있었다. 인터뷰 도중 보즈코브스키는 곤살레스에게 그의 국내뉴스 팀이 지면에 싣는 기사에 대한 온라인 수치에 얼마나 관심을 기울이고 있는지 물었다. 웃으며 텔레비전을 쳐다보던 그는 아르헨티나의 테니스 선수인 기예르모 카냐스Guillermo Cañas에 대한 기사를 보여주며 이렇게 말했다.

내가 관심을 갖는 건 [종이 한 장을 집으며] 이거밖에 없습니다. 이게 바로 오늘 나의 뉴스 어젠다인데, 나는 항상 그 페이지의 반대편에 [매일 아침 편집회의에서 배포되고 논의된] 'Clarín.com에서 가장 많이 읽힌 기사 상위 20위'를 기록합니다. 오늘 순위에서는 …… 내 1면 기사가 12위에 올랐던 걸로 압니다. [가장 많이 읽힌 기사 상위 10위 안에 드는데] 어려움을 겪고 있는 중이에요. 사람들이 관심을 갖지 않기 때문이죠. 계속 경쟁하고 있습니다. …… 모두가 브리트니 스피어스Britney Spears에게 동정심을 보이는 중이죠. …… 카냐스는 쉬지 않고 사람들을 감동시키고 있고요[텔레비전 화면에 나오고 있는 그 전설적 테니스 선수를 쳐다보면서 언급함]. 끊임없이 대중을 감동시키는 정치인이 있었다면 내가 일하기 더 쉬웠을 겁니다.

매우 다른 두 지역에서 나온 현대 저널리즘에 관한 이 두 에피소드 사이의 불일치는 지난 반세기 동안 주류 언론인의 일상적인 관행에서 수용자의 역할이 얼마나 많이 바뀌었는지 잘 보여준다. 딘이 묘사한 세계에서 언론인은 수용자를 자신과 정도의 차이는 있을지언정 유사한 선호도와 관심사를 갖고 있는 존재로 상정했다. 그 세계에서 수용자는 당연시되었고, 딘을 포함한 기자들은 자신이 좋은 기사를 쓰기만 하면 독자들이 읽을 거라고 가정했다. 곤살레스가 한탄한 세상에서 수용자는 언론인에 의해 가정되기보다는 실질적으로 이해되어야 하는 대상으로 전환되었다. 다음 날의 뉴스 의제가 적힌 페이지와 전날의 뉴스 지표 정보가 기록된 페이지가 병치되어 있는 상황은 오늘날 저널리즘 영역에서 수용자의 위치를 상징적으로 드러낸다. 또한 뉴스룸 관례의 일부분으로서 수용자에 대한 이해와 분석이 점점 더 중요해지고 있음을 보여준다. 이러한 실상을 앎으로써 곤살레스는 이제 더는 수용자의 존재를 당연하게 여길 수 없다. 이는《클라린》내 그의 동료들은 물론 전 세계 무수히 많은 기자들이 경험하고 있는 현상이기도 하다. 이제 기자들이 좋은 기사를 펴내더라도 독자들은 신문을 사지도 않고, 뉴스 사이트에 방문하지도 않는 등 여전히 기사에 관심을 보이지 않을 수 있다. 바야흐로 수용자의 불확실성이 기사, 언론사, 그리고 궁극적으로 저널리즘의 운명에 그림자를 드리우는 시대이다.

가정되고 당연시되었던 존재에서 정통해야 하는, 불확실한 존재로 뒤바뀐 수용자가 바로 이번 장의 주제다. 현대 저널리즘의 제도적 혼란과 부적실성의 증대 속에서 나타나고 있는 이러한 변화의 기저에는 무엇이 있는지, 이를 초래한 요인은 무엇인지 검토한다. 또한 이러한 변화가 저널리즘이 속한 세계에 저널리즘을 다시 결합시킬 기회가 될 여지는 없는지, 최소한 오늘날 언론계의 통념, 착각 속의 저널리즘적 조건을 현장에서의 실제적 조건으로 반전시킬 가능성은 없는지 살펴본다.

수용자, 가정되고 당연시되는 존재?

'주류 언론사의 기자와 에디터라면 수용자가 얼마나 관심을 갖고 있는지와 상관없이 그날 가장 뉴스 가치가 높은 기삿거리를 다뤄야 한다.' 이 말은 아마도 20세기 내내 뉴스룸에서 가장 자주 언급되어온, 그리고 전 세계의 저널리즘 교과서에서 성문화된 주문 중 하나가 아닐까 싶다. 허버트 갠스의 말처럼, 저널리즘은 "무엇이 뉴스인지 결정하는" 과정이다. 이러한 결정을 내리기 위해 기자와 에디터들은 일련의 규범에 의존하는데, 이 규범은 특정 주제와 정보원을 다른 것보다 더 뉴스 가치가 높은 것으로 분류한다. 뉴스 가치가 높은 기삿거리는 주로 소수의 엘리트 대변인에 의해 발표되는 만큼 자유민주주의 이론, 그리고 관료화한 세계관과 궤를 같이한다. 거기에서 수용자는 읽고, 보고, 듣고, 궁극적으로 배우고 계몽되기 위해 존재한다.

갠스가 1960년대와 1970년대에 연구한 미국 뉴스룸에만 적용되는 이야기가 아니다. 아르헨티나 기자 카를로스 울라노브스키Carlos Ulanovsky는 갠스가 현장조사를 실시한 곳에서 남쪽으로 1만 킬로미터 이상 떨어진 곳에서, 그것도 반세기 전에 있었던 일화를 회상한다. 울라노브스키에 따르면, 20세기 초기의 아르헨티나 신문 《크리티카Crítica》의 발행인이자 라틴아메리카 저널리즘의 역사적 인물인 나탈리오 보타나Natalio Botana*는 독자들이 출판될 기사를 "좋아하지 않을 것"이라고 말하는 에디터에게 이렇게 말했다. "저널리즘은 대중이 무엇을 좋아해야 하는지를 가르쳐야 한다"(2005, 97).

대중이 알고 싶어 하는 것에 대해 상당한 수준으로 집단적 무관심을 보인다? 그것도 지식 추구를 근간으로 하는 직업인 저널리즘이? 실로 충격적인 문화적 위업이 아닐 수 없다. 로버트 단턴Robert Darnton이 《뉴욕타임스》와 《뉴어크스타레저Newark Star Ledger》의 기자로 일하던 시절을 회상하며 말했듯이, "기자들은 실로 서로를 위해 기사를 썼다"(1975, 176). 이러한 인식은 저널리즘을 실상으로부터, 그리고 실제 수용자의 선호와 습관으로부터 현저히 이탈시킨다. 수용자는 알려지고 이해되기보다는 가정된다. 그리고 수용자는 공적인 기사, 특히 국가 등 정치적 통일체의 안녕과 밀접한 관련이 있는 소식을 알고 싶어 한다는, 혹은 최소한 알아야만 한다는 식의 가정은 저널리즘의 이탈을 심화할 뿐이다. 게다가 수용자의 관심은 기자의 관심에 비해 덜할 수는 있어도 다르지는 않다고 여겨진다.

이는 시대에 뒤떨어진, 케케묵은 뉴스 가치로 확장된다.

---

* 1888~1941. 우루과이에서 태어나 아르헨티나에서 활동한 언론인으로 1913년 《크리티카》를 창간했다. 《크리티카》는 의견보다는 정보에 초점을 맞춰 범죄에 관한 뉴스를 폭넓게 다루었다. 아르헨티나에서 20세기 가장 영향력 있는 인물 중 한 명으로 꼽힌다.

저널리즘이 존재한 대부분의 기간 동안 서양 및 북반구 자유 민주주의 국가의 기자와 에디터들은 20세기 중후반에 매스미디어가 중개한 대중 담론을 수반한 전통적인 뉴스 가치를 수용자들이 소중히 여긴다고 믿어왔다. 예측 가능한 이야기지만, 할리우드는 이러한 현상에 관한 이야기를 만들어내는 공장 역할을 수행했다. 1976년에 '워터게이트 사건'*을 다룬 앨런 파큘라Alan Pakula의 영화 〈모두가 대통령의 사람들All the President's Men〉부터 '펜타곤 페이퍼'** 이야기를 다룸으로써 관객에게 1970년대의 문화적 감수성을 불러일으키고자 한 스티븐 스필버그Steven Spielberg의 2017년 영화 〈더 포스트The Post〉에 이르기까지, 이상적이고 시대를 초월한 이미지를 투영하기 위해 전 세계적으로 유포된 전설적인 이야기를 보면 마치 시간이 멈춘 것만 같다.

이러한 신화는 언론인에 대한 특정한 믿음을 수용자에게 심어왔다. 그런데 이 신화에 빠져 있는 것이 있다. 바로 그 믿음을 저버린 언론인들의 이야기다. 미국에서만 하더라도 수용자들은 〈폭스뉴스Fox News〉가 차용한 "공정과 균형"이란

---

*   1972년 6월 리처드 닉슨 대통령의 측근이 닉슨의 재선을 위해 워싱턴의 워터게이트 빌딩에 있는 민주당 본부에 침입하여 도청 장치를 설치하려 했던 정치 스캔들.《워싱턴포스트》의 밥 우드워드와 칼 번스타인이 워터게이트 사건을 탐사하여 보도했다.
**   1971년 《뉴욕타임스》의 특종 보도. 미국이 베트남전쟁에 군사 개입을 강화하는 구실로 삼았던 통킹만 사건이 조작되었다는 내용 등이 담겨 있다.

개념을 마주하고 있고,*** 미국의 2차 이라크 침공 당시《뉴욕타임스》의 대량살상무기 기사가 얼마나 어설펐는지 목도했다.**** 허위사실 유포, 표절, 거짓말을 둘러싼 각종 스캔들은 물론, 조직적인 인종차별, 여성혐오, 외국인혐오를 주요 이슈로 다루는 것을 얼마나 지체해왔는지에 대해서도 다루지 않는다. 민족우선주의에 기반을 둔 고집 때문인지 오보와 가짜뉴스는 마치 새로운 현상인 것처럼 취급되는데, 사실이 현상은 식민주의와 착취의 오랜 역사 속에서 다뤄져야 마땅하다. 궁극적으로 미국 언론이 2016년 대선을 앞두고 여론에 대한 보다 완전한 그림을 보도할 수 있는 절호의 기회를 놓친 것도 언급되지 않는다.***** 2020년 대통령 선거 보도를 현재로서 평가할 수는 없지만, 설령 그 행태가 바뀌었다고 하더라도 기껏해야 점진적으로 개선됐다고 평가하는 편이 공정할 것이다. 랜스 베넷, 레지나 로런스Regina Lawrence,

---

*** 미국 케이블 뉴스 채널 〈폭스뉴스〉의 슬로건은 '공정과 균형'이다. 하지만 실제 보도 양태는 정반대라는 평가가 지배적이다. 공화당에 치우친 강한 정치 편향과 불공정, 왜곡 보도를 일삼고, 반이민, 반이슬람, 반동성애주의도 극단적으로 설파한다. 〈폭스뉴스〉는 이에 대해 "우리는 보도만 하니 시청자인 당신이 결정하라We Report. You Decide"는 식의 입장을 취한다.
**** 《뉴욕타임스》의 기자 주디스 밀러는 2003년에 이라크 내 대량살상무기 문제를 다루면서 펜타곤 관료들과 미국 내 이라크 망명 정치인 그룹과 유착되어 왜곡 보도를 양산했다. 미국은 대량살상무기를 빌미로 이라크를 침공했지만, 점령 이후 어디서도 이를 찾아내지 못했다. 2004년 《뉴욕타임스》는 밀러의 기사들이 상당 부분 조작됐다며 독자들에게 사과했다.

스티븐 리빙스턴Steven Livingston의 말을 빌리자면, 이들 각각은 "언론 실패press failure"(2007) 사례로서 그 유일한 효과라고는 언론인들이 믿고 싶어 하는 것과 직시하기를 거부하는 것 사이의 간격을 벌린 것뿐이다.

설상가상으로 수용자는 가정될 뿐만 아니라, 당연하게 여겨지기까지 했다. 20세기 말까지만 해도 일부 미디어들은 여전히 수백만 명의 사람들이 읽고, 보고, 듣는 무언가였다. 엄청난 광고 수익을 거둬들였고, 정치·경제·사회 엘리트의 숭앙의 대상이었다. 기자와 언론사들은 수용자를 따놓은 당상으로 여기면서 상황을 별것 아닌 것으로 여겨왔다.

여러 구조적 요인들이 그게 아니라는 걸 암시하고 있는데, 그중 핵심은 경제적 문제다. 수용자의 규모, 그리고 뉴스 소비의 규칙성은 뉴스에 대한 관심의 표현이라기보다는 해당 시장에서 언론사들이 과점적 위치를 차지하고 있기 때문에 생긴 부산물이다. 제임스 T. 해밀턴James T. Hamilton, 로버트 피카드Robert Picard, 제프리 브로디Jeffrey Brody 등이 드러낸 것

***** 미국의 언론학자들에 따르면, 2016년 미국 대통령 선거 캠페인 동안 미국 언론은 후보자에 대한 편견을 양산하는 데 일조했다. 예컨대, 공화당의 예비선거는 민주당의 예비선거에 비해 미디어 주목도가 훨씬 높았다. 또한 당시 공화당 후보였던 도널드 트럼프 관련 보도량은 민주당의 후보 힐러리 클린턴과 민주당의 경선 후보 버니 샌더스의 보도량을 모두 합친 것보다 훨씬 많았다. 이때 트럼프에 대한 보도는 정책적 비전, 쟁점에 대한 의견, 성격과 삶에 집중됐지만, 클린턴에 대한 보도는 정책보다는 '이메일 스캔들'에 초점이 맞춰졌다. 저자들은 이러한 보도 양태가 미국 대중의 각 후보자에 대한 실제 여론을 반영하지 못했다고 본다.

처럼, 인쇄매체, 방송매체 등의 매스미디어는 대규모의 투자와 그들에게 유리한 규제 조건을 필요로 하므로 진입 장벽이 높고 기업체는 적고 이용자는 많은 시장을 만든다. 1990년대 중반에 나타난 상업용 웹은 매스미디어가 수용자를 당연하게 여기는 힘을 앗아갔고, 매스미디어는 더 이상 수용자가 대규모로 존재한다는 것과 수용자가 뉴스를 열렬히 필요로 한다는 것을 동일시할 수 없는 실정이다. 수용자들은 어느 언론사를 통해 뉴스를 소비할 것인지뿐만 아니라 뉴스 소비 자체를 어떤 커뮤니케이션 방식으로 할 것인지에 대해서도 선택해야 하는 상황에 직면했다. 이미 존재했던 매스 커뮤니케이션 외에도 다양한 형식의 매개된 커뮤니케이션이 등장했고, 이들은 또한 융합되기도 했기 때문이다. 10년 정도의 기간이 흐른 뒤 당연하게 여겨졌던 수용자는 훨씬 더 불확실한 존재로 이해되기 시작했다. 그들의 선호와 습관에 관한 널리 퍼져 있던 믿음은 산더미처럼 쌓여 있는, 게다가 쉽게 이용 가능한 이용자 행동에 관한 데이터에 의해 의심받는다. 이 데이터는 이전에 유지되었던 가정이 더는 유지될 수 없고, 기실은 그렇게 정확하지 않았을 수도 있음을 보여준다. 이러한 상태를 이해하기까지 왜 이렇게 오래 걸린 걸까? 이 지연이 저널리즘이라는 제도의 미래에, 그 지속 가능성에 어떤 영향을 미치진 않을까?

하지만 여전히 불확실한 존재

나이트리더Knight-Ridder는 지금은 없어졌지만 1980년대만 해도 미국에서 두 번째로 큰 신문 기업이었다. 나이트리더는 1980년대 전반기에 간판 일간지 《마이애미헤럴드Miami Herald》에 전자 신문화 실험을 진행했다. 실험 이름은 '뷰트론 Viewtron'. '뷰트론'은 뉴스와 정보 제공은 물론 상품 판매 서비스까지 제공했는데, 전화선을 통해 소비자를 연결하는 채팅부터 전용 터미널을 사용한 전자 상거래 및 서버에 이르기까지 다양한 기술이 접목되었다. 미국 최초의 온라인 뉴스 운영 업체 격이었던 '뷰트론'은 궁극적으로 현대 디지털 문화의 랜드마크 기능이 될 여러 애플리케이션을 개척해냈지만, 상업적으로는 크게 실패했다. 나이트리더는 그 사업을 접을 때까지 5000만 달러, 오늘날 기준으로 1억 2000만 달러 이상에 해당하는 손실을 봤다. 이 독창적인 계획의 주목할 만한, 하지만 거의 논의되지 않은 측면 중 하나는 관련 임원들이 서버 데이터를 보다가 발견한 것이다. 그것은 사용자들이 기사를 읽는 것보다 다른 사용자와 채팅하는 데 훨씬 더 높은 관심을 보였다는 점이었다. 하지만 이 수용자 행동에 관한 핵심적인 발견, 즉 그로부터 10년 후의 아메리카온라인 America Online, 그리고 2000년대의 소셜미디어의 등장과 약진을 암시하는 발견은 묻히고 말았다. 그 신문 체인은 당시 연

저널리즘 선언

간 30%대의 수익률을 올리면서 승승장구하고 있었다. 이 때문에 경영진은 수용자를 가정하고 당연시하는 걸 그만둘 만큼 절박하지 않았다.

이 에피소드는 저널리즘의 현대 제도적 혼란의 주요 역사적 뿌리를 이해하는 데 세 가지 중요한 의미가 있다. 첫째, 디지털 미디어와 인쇄 및 시청각 미디어를 구별하는 한 가지 특징은 모든 사용 행위가 회사 서버에 저장되어 흔적을 남긴다는 것이다. 이것은 에디터와 기자, 그리고 경영자들에게 기존의 발행 및 판매 부수 등의 인쇄매체 관련 메트릭, 시청률과 청취율, 설문조사 및 포커스 그룹 데이터보다 훨씬 우수한 사용자 행동에 관한 세부적인 지식을 제공한다. 둘째, 이 정보를 가지고 있다고 해서 반드시 그 정보로 무엇을 하는 것은 아니다. 조직이 제공하는 제품과 서비스를 맞춤화하기 위해 조직의 의사결정권자는 이러한 종류의 정보를 활용하고 싶어 할 것이라고 추측하는 것이 합리적이지만, '뷰트론'의 사례는 유용한 정보가 있다고 해서 반드시 학습 효과로 이어지지 않는다는 것을 증명한다. 오히려 금융 언론을 대충 훑어봐도 비즈니스 환경이 정보 방치로 가득 차 있음을 알 수 있다. 단기 시장 성공이 두둑한 보너스 등 각종 격려로 이어지는 것을 보라. 셋째, 이 귀중한 정보에 대한 접근권이 잠재적으로 관련 있는 당사자 모두와 반드시 공유되는 것은 아니다. 《뉴욕타임스》에 대한 코넬리아 딘의 일화와 마찬가지로, 나이트리더 경영진은 《마이애미헤럴드》는 물론 《필라델피아인콰이어러Philadelphia Inquirer》 《산호세머큐리뉴스San Jose Mercury News》 등 그 당시 소유했던 여러 신문사 소속 기자 및 에디터들에게 사용 패턴에 관한 정보를 공유하지 않았다. 우리가 이걸 알 수 있었던 것은 '뷰트론'의 핵심 관계자 중 한 명인 로저 피들러Roger Fidler가 이 사실을 그 프로젝트가 중단된 지 10년이 지난 뒤, 그러니까 1997년에 출판된 책에 남겼기 때문이다.

이 세 가지 함의를 통해 우리는 사회제도로서 저널리즘이 수용자를 바라보는 방식이 지난 수십 년 동안 얼마나 극적으로 변화했는지를 이해할 수 있다. 1990년대 후반 언론사들은 웹을 통해 영업을 시작하면서 수용자 행동에 대한 대량의 데이터를 생성하기 시작했다. 점점 더 디지털 뉴스에 몰두함에 따라 그에 수반하는 지식도 증가했다. 언론사들은 각 기사의 페이지뷰 수, 독자가 해당 기사를 읽으며 보낸 시간, 해당 기사를 읽기 직전과 직후에 본 기사, 직전과 직후에 방문한 사이트, 뉴스 관련 웹사이트에 머물렀는지, 댓글을 달았는지, 기사를 공유했는지 등을 알 수 있다. 이러한 데이터를 수집·처리·이해하는 일은 어떤 언론사든 자체적으로 할 수 있고 또 해야만 하는 무언가가 되었으며, 이 과정에는 닐슨Nielsen*과 같은 기존 업체뿐만 아니라 차트비트Chartbeat**와 같은 신규 업체가 개발한 새로운 서비스도 포함된다. 뉴스룸의 일상적 관행 속에서 수용자는 가정된 존재이기보다는 알게 되는 존재, 파악된 존재로 변모했다. 상대적으로 짧은 기간 안에 생긴 변화다. 저널리즘의 역사적 관점에서는 더더욱.

그러나 이러한 변화가 전적으로 기술 혁신으로 인한 것은 아니다. 물론 기술 혁신은 중요한 요인이지만, 수용자 데이터에 주의를 기울이겠다는 뉴스룸 의사결정권자들의 결심도 그만큼 중요했다. 이러한 의사결정 문화 측면에서의 전환이 가진 힘을 과소평가해서는 안 된다. 전에는 마케팅 부서에만 관련 있다고 여겨지면서 마치 정교분리처럼 언론인에게는 출입 금지 구역처럼 여겨지거나, 아니면 완전히 무시되었던 것이 이제는 편집 과정의 핵심 요소가 되었다. 또 다른 변화도 수반했는데, 그 변화의 문화적 함의를 놓쳐서는 안 된다. 뉴스룸은 역사적으로 고도로 관료화한 하향식 구조에 의존해왔다. 관련 정보는 선별된 의사결정자 집단에 의해 유지되었고, 그들은 알려야 할 필요가 있다고 판단했을 때만 그 정보를 다른 직원들과 공유해왔다. 그러나 디지털 세계에

---

*　　미국의 미디어 이용자 조사 전문 회사. 미국 전국 텔레비전 시청 상황을 조사·분석하여 내놓는 닐슨 텔레비전 인덱스Nielsen Television Index로 가장 잘 알려져 있다.

**　　출판사, 미디어 기업, 언론사 등에 데이터 수집 및 분석 서비스를 제공하는 기술 기업. 2009년에 창립되었으며, 미국 뉴욕에 본사가 있다.

서 수용자 행동에 관한 데이터는 뉴스룸 전체에 급속도로 퍼져나갔다. 이제는 곤살레스가 언급한 것처럼 편집회의 단위에서 정기적으로 데이터를 검토하고, 뉴스룸의 콘텐츠 관리 시스템content management system; CMS에서 기본적인 데이터에 접근할 수 있다. 고화질 텔레비전에 종일 나타나 있는 히트 맵, 특정 측정 수치에서 탁월한 실적을 낸 직원에 대한 포상 등의 메커니즘을 통해 일터에서 수용자 관련 데이터는 가시화했다. 이러한 발전이 복합됨으로써 수용자는 가정되기보다는 알게 되는 존재로 바뀌었을 뿐만 아니라, 그들을 무시하는 것은 사실상 불가능해졌다. 그러나 언론계가 이를 받아들이는 속도는 여전히 더디다.

디지털 세상의 수용자를 알아가면서 언론사들은 불편한 진실과 마주하고 있다. 첫째, 독자들은 뉴스에 돈을 많이 쓰지 않는 것으로 보인다. 전 세계 유명 언론사들이 강력한 마케팅 캠페인을 펼쳐 이용자들을 대상으로 서비스 구독을 해달라는 설득 공세에 나섰지만, 별 효과가 없다. 옥스퍼드대학교 로이터 저널리즘 연구소의 2020년 〈디지털 뉴스 리포트〉에 따르면, "모든 국가에서 대부분의 사람들은 여전히 온라인 뉴스에 비용을 지불하지 않는다". 둘째, 구독 수익 감소는 광고 수익 급락과 연결되어 있다. 역사적으로 광고 수익은 소비자의 관심과 깊은 관련이 있는데, 트래픽 데이터는 이러한 관심이 뉴스보다 소셜미디어와 검색 습관에 훨씬 더 집중되어 있음을 보여준다. 퓨리서치센터Pew Research Center에 따르면, 미국의 디지털 디스플레이 광고 수익 전체의 약 53%를 페이스북Facebook과 구글Google의 모회사인 알파벳Alphabet이 거둬들이고 있다. 이는 결국 뉴스에 대한 수용자의 관심이 생각만큼 크지 않음을 드러낸다. 그리고 이러한 인식은 뉴스 사이트에 방문하는 이용자들이 언론사들이 역사적으로 사회 내 의제를 설정한다고 믿어온 국가적·국제적·경제적 이슈들보다 날씨, 범죄, 스포츠, 셀럽 등의 주제를 다룬 콘텐츠에 훨씬 더 주목한다는 연구 결과들에 의해 확실시된다.

결국 언론사들은 수용자를 알게 됨으로써 그들의 존재가 당연하지 않다는 것을, 그리고 굉장히 불확실하다는 것을 깨닫게 되었다. 또한 저널리즘이 현실 세계와 충격적일 정도로 유리되어 있었다는 것도 드러났다.

저널리즘은 수용자를 다시 찾을 수 있을까?

수용자가 가정된 존재에서 알게 되는 존재로, 당연하게 여겼던 존재에서 불확실한 존재로 전환한 상황을 두고 저널리즘 세계의 곳곳에서 염려의 목소리가 커지고 있다. 하지만 긍정적인 변화를 가져올 방법도 있는데, 이는 저널리즘이 얼마나 변화할 준비가 되어 있는지에 달렸다. 가정하고 당연하게 여겨왔던 수십 년의 세월 동안 상상의 조건과 현장의 조건은 분리되어왔다. 즉, 언론인이 편집 과정의 일부로서 수용자들을 마음속에서 어떤 식으로 상상해왔는지와 수용자들이 실제로 무엇을 선호하고 어떻게 행동하는지 사이에는 간극이 존재한다. 저널리즘과 수용자의 재결합은 저널리즘이 수용자를 알게 되는 지점에서, 그리고 그 과정에서 필연적으로 수반될 호기심에서 시작될 수 있다. 수용자가 항상 관심을 가질 것이라고 가정하기보다는 수용자의 관심을 얻고자 저널리즘이 노력해야 한다는 말이기도 하다. 그러나 현재 이 영역의 통용화폐 격인 수용자에 관한 지식은 매우 유용하면서 동시에 심각하게 제한적이다. 수용자가 어디에 있는지 알려주기 때문에 유용하지만, 왜 그런 것인지는 설명하지 못하고, 따라서 그 지식으로 무엇을 할 수 있을지도 설명하지 못하기 때문에 제한적이다.

학계가 자주 인용해온 제임스 W. 캐리James W. Carey의 글은 이 지점에서도 유용하다. 캐리는 전송transmission으로서의 커뮤니케이션과 의례ritual로서의 커뮤니케이션을 구분했는데, "이 상호 대안적인 두 모델은 19세기에 커뮤니케이션이란 개념이 일반적인 담론이 된 이래 미국 문화 속에 살아 있다"(1992[1988], 14). 40여 년 전에 쓴 글이지만, 그의 선견지명은 오늘날 크게 변화한 언론 지형에도 적용할 수 있다. 캐리는 이렇게 주장했다. "전송 모델이 …… 미국 문화에서, 그리고 대부분의 산업사회에서 가장 보편적이며, 이 개념하에 현대 커뮤니케이션 관련 표제어들이 결정된다. …… 이 모델은 커뮤니케이션을 거리와 사람을 통제하기 위해 공간에서 메시지가 전송되고 배포되는 과정으로 본다"(15). 오늘날 저널리즘 실무자, 평론가, 학자들이 수용자를 두고 벌이는 토론의 대부분이 전송 모델을 반영한다. 그들은 페이지뷰 수, 체류 시간, 공유 횟수, 댓글 수, 트윗 개수, 게시물 개수 등 전송의 측면을 수량화한 메트릭에 중점을 둔다. 이러한 메트릭을 획득·처리·활용하는 데 사용하는 도구가 지난 사반세기 동안 극적으로 발전한 것에 비하여, 레드제플린Led Zeppelin의 기념비적인 곡 및 1976년 콘서트 영화 제목을 의역하자면, 관점 그 자체는 변한 게 없다.* 이는 결국 어떤 기사가 수용자의 관심을 사로잡을 것인지, 그리고 뉴스 사이트, 검색 엔진, 소셜미디어 플랫폼이 얽히고설킨 디지털 미디어의 배열 속에서 그들이 어떤 식으로 콘텐츠와 상호작용하는지 등에 관한 구체적인 정보를 제공하면서, 가정된 수용자로부터 알게 된 수용자로의 전환에 기여했다.

전송 모델 기반 지식은 분명히 유용하다. 하지만 그 지식이 수용자들이 왜 그런 방식으로 행동하는지에 대해서는 알

---

* 저자들은 이 대목에서 레드제플린의 1973년 곡인 〈The Song Remains the Same〉을 의역했다. 이 곡은 1976년 레드제플린의 공연 실황을 토대로 한 영화의 제목으로도 사용되었다.

려주지 못한다는 점을 기억해야 한다. 이를 위해 우리는 각기 다른 기사가 수용자에게 어떤 의미가 있는지, 그리고 이러한 의미가 보다 넓은 일상생활의 차원으로 뉴스를 통합하는 것과 어떤 관련이 있는지 살펴볼 필요가 있다. 이를 위해서는 커뮤니케이션의 의례적 측면으로 시선을 전환해야 한다. 이 의례적 관점은 "공간에서의 메시지 확산보다는 특정 시기에 사회를 유지시키는 과정을 조명하며, 정보 전달 행위보다는 공유된 신념이 표현되는 방식을 보고자 한다"(18). 캐리는 "전송 관점에 입각한 커뮤니케이션의 전형적인 사례가 통제를 목적으로 지역을 가로질러 메시지를 확산시키는 것이라면, 의례 관점에서의 전형적인 사례는 사람들이 친교와 하나 됨으로 한데 모인 성스러운 의식을 들 수 있다"(18)라고 말했다. 의례 관점에서 보자면 메트릭 속 패턴이 언론의 의제 설정 능력에 관해 무엇을 알려주는지를 이해하는 일은 부차적인 문제다. 이 관점에서 수용자에 관한 지식은 그들의 일상적 대화, 즉 공통의 관심사를 확인하고 서로가 서로를 이해하는 과정에서 어떤 식으로 뉴스의 의미가 만들어지는지를 이해하는 데서 얻어진다. 이러한 공통의 관심사는 수용자의 사회적 삶을 뒷받침하고, 따라서 그들의 세상 속에서의 경험과 행동을 지향한다.

뉴스를 둘러싼 대화, 그리고 뉴스와 관련된 현대적 의미 형성 과정의 내용, 요점, 역학을 간략히 살펴보자. 수용자는 과거에 비해, 혹은 적어도 예상보다 더 부족적이고, 감정적이고, 표현적이며, 회의적이다. 미국을 포함한 서구권 및 북반구 대다수 국가의 편집국과 강의실 모두에서 수용자에 대한 이러한 관점은 정설과도 같다.

첫째, 부족적이라는 말은 오늘날의 수용자에게는 국가에 대한 일반적인 유대, 혹은 다름을 무릅써야 성취되는 추상적인 수준의 대의보다는 국소적인 맥락, 즉 구체적인 이슈나 특성에 대한 지지 여부로 인해 형성되는 연대관계가 더 동기부여된다는 것을 의미한다.

둘째, 수용자가 감정적이라는 말은 오늘날 뉴스를 받아들이고 해석하는 방식이 이성만큼이나 감정에 의해 좌지우지된다는 뜻이다. 뉴스에 대한 이해가 선입관 없는, 감정에 좌우되지 않는 영역, 즉 인지에 달렸다는 통념을 깨야 한다는 말이기도 하다.

셋째, 수용자들이 표현적이라는 것은 그들이 언론이 하향식으로 제공하는 기사를 의무적으로 읽고 보고 듣기보다는 자신에게 중요한 기사, 그들의 연대 네트워크 및 로컬 공동체 내에서 의미 있는 기사를 두고 의사소통하고 또 그러한 의사소통 행위 속에서 교제하는 것을 더 선호한다는 의미이다.

넷째, 회의적이라는 말은 뉴스에 대한 신뢰를 당연한 게 아닌 언론인이 획득해야 하는 무언가로 여기는 수용자가 점점 더 많아지고 있다는 뜻이다. 게다가 신뢰를 쌓는 데에는 오랜 시간이 필요하지만 잃는 것은 한순간이다.

근대성 프로젝트는 언제나 국가 등의 정치체 지향적이고, 합리적이고, 수용적이며, 신뢰할 수 있는 소통을 열망하는 수용자의 존재를 상정해왔다. 하지만 현재 수용자의 의미 형성 과정은 다른 가치를 지향하는 것으로 보인다. 맥락, 유사성을 기반으로 한 연대, 차이, 감정, 표현, 사회성, 회의론과의 연결 속에서 진화하여 산출된 수용자들의 관행은 근대성이 영원할 수 있다는 미련과도 같은 꿈을 앗아간다. 번성, 아니 생존하기 위해 저널리즘은 더 이상 근대성과 근대화의 프로젝트여서는 안 된다. 그 프로젝트 자체가 문제이기 때문이다.

소결: 대중은 저널리즘에 반기를 들고 있다

한때 기자들이 제멋대로 판단하고 당연시했던 수용자. 그들은 이제 알려진 존재이자 불확실한 존재가 되었다. 그들은 이제 더는 언론사의 막대한 이익을 보장하는 기반이 아니다. 사회적 상상 속에서 중심적 위치를 차지하지도 않고 정치극의 주연도 아니다. 대중은 저널리즘에 반기를 들고 있다. 소셜미디어에서의 끝없는 스크롤부터 스트리밍 플랫폼에서 동이 틀 때까지 가장 좋아하는 스릴러물의 최신 시즌 몰아보기까지, 상당수의 수용자가 다른 형태의 콘텐츠에 빠져들고 있다. 그 결과 저널리즘은 한때 안정적이었던 관심 기반을, 그리고 수입원을 잠식당하고 있다. 더구나 부족적이고 감정적이며, 표현적이고 회의적인 수용자들의 관행은 주류 뉴스 황금기에서 비롯한 교리와 그 근대적 정신을 약화시키고 있다. 이들의 지속 가능성은 현저하게 낮아지고 있다.

저널리즘은 무엇을 해야 하는가? 아무것도 하지 않는다면 사라질 게 분명해 보인다. 엘리트와 규범의 문제와 마찬가지로, 딜레마는 저널리즘 제도가 생존을 위한 쇄신안을 마련하여 생존 프로젝트에 착수할 것인지, 아니면 혁명적인 분해 수리에 나설 것인지 여부다. 마지막 장에서 이 대안적 경로들에 관해 살펴보자.

5 장

개혁이냐, 혁명이냐?

우리는 이 선언서 전반에 걸쳐 저널리즘이 기로에 서 있음을 다양하게 언급했다. 21세기에 이르러 점점 더 사회와 유리되어가는 상황을 상쇄하고 그 사회와 재결합하기 위해 저널리즘은 개혁 아니면 혁명, 두 노선 중 하나를 받아들여야만 한다. 특정 상황에서는 두 노선을 조합할 수도 있겠지만, 별도로 다뤄야 할 만큼 각각의 윤곽은 충분히 다르다.

개혁 노선

많은 언론인들에게 개혁은 쉽지 않을 것이다. 정말이다. 기존 재료를 가지고 새로운 방향으로 가려고 하는 한 개혁을 상상하는 것은 혁명보다 더 어려울 수 있다. 개혁 경로의 핵심은 암묵적인 자유민주주의 사상을 버리고 노골적이고 명백한 자유민주주의 사상으로 이동하는 데 있으며, 변혁적인 행동을 저널리즘이 가야 할 길 그 자체로서 강조하는 것이다. 지금까지 저널리즘 제도와 외부 세계 사이의 접점, 즉 저널리즘의 엘리트, 규범, 수용자와의 관계를 개괄하면서 우리는 오늘날 저널리즘의 주요 문제가 저널리즘 존재의 특정 측면을 당연시한다는 데 있다고 주장했다. 즉, 저널리즘은 관련 사례와 조건을 상황에 따라 진화할 수 있는, 어떤 적응의 결과가 아닌 영구적인 현상으로 여겨왔다. 저널리즘의 가장 일반적인 특징은 바로 그 근본에 자유민주주의적 정치 지향이 있다는 것이다. 북반구에서 발전한 이 지향성은 다른 지역의 저널리즘에도 침투하여 저널리즘을 상상할 때면 동원되는 레토릭이 되었다. 이 지향성은 너무 기본적이고 널리 퍼져 있어서 극단적인 위기나 갈등의 순간을 제외하고는 대개 무시되거나 잊혀져왔다. 개혁을 향한 길을 채택한다면 이런 식의 암묵적인 자유민주주의 사상이 아닌 포괄적이고 일관성 있는, 명백한 자유민주주의 사상으로 이동해야 할 것이다. 저널리즘이 무엇을 위하여 존재하는지를 이해하는 핵심으로서 변화를 전면에 내세우는 것이다.

먼저 저널리즘과 엘리트의 관계부터 살펴보자. 저널리즘의 상상 속에는 저널리즘이 시민을 대신하여 엘리트의 행위를 견제하면서도 동시에 엘리트의 정보와 정치적 권위에 의존한다는 생각이 내재되어 있다. 이미 언급했듯이, 지난 10년 동안 몇몇 국가에서 저널리즘의 변화는 우리가 엘리트의 균열이라고 부른 현상에서 비롯했다. 자유민주주의 사상이 별 변화 없이 오랜 기간 정체해온 국가에서 반자유주의적 사상에 기반을 둔 엘리트가 등장하자, 언론사의 상당수가 그 기저에 있던 자유민주주의적 지향성을 백일하에 드러냈다. 그러면서 언론사들은 그들의 가치와 정치 권력자에 대해 보도해야 한다는 의무 사이의 기로에 놓였다. 당연하게 여기는 기본 중의 기본이기 때문에 자유민주주의 사상을 표명하지 않는 상태와 그 사상을 저널리즘의 핵심 원칙으로서 천명하기는 하나 여간해서 실천하지는 않는 상태 사이에 갇힌 기자의 숫자가 점점 늘어났다. "모든 논쟁에 양측의 입장이 있는 것은 아니다"나 "민주적으로 선출된 지도자여도 반자유주의적 행동을 한다면 비판받아야 한다"와 같은 표현이 이 상황을 잘 드러낸다.

개혁을 추진한다면 저널리즘은 어느 정도 거버넌스 과정을 우선시하긴 하겠지만, 선거 민주주의의 과정만이 아니라 대안적 관점과 정치적 논쟁에서의 서로 다른 의견에 대한 존중을 기본으로 삼을 것이다. 엘리트가 이러한 기본적인 자유주의 규범을 위반한다면, 언론인은 그 행동을 까발릴 것이다. 정치적 영역이 정상normal과 비스름해진 상황에서도 개혁 경로는 이러한 정도의 해결을 민주적 현실주의가 계속해서 강력하고 분명하게 표현된 것으로 볼 것이다. 저널리즘은 자유주의적·민주적 통치를 가장 우선시한다. 이 경향은 민주적으로 선출된 지도자가 반자유주의적으로 행동하는 상황에서도 변함이 없다. 그래서 언론인들은 그런 행동에는 즉각 반응한다.

이는 저널리즘 레토릭과 관행 측면에서는 대폭적인 변화일 수 있지만, 저널리즘을 개혁했다고 하기에는 불충분하다. 그보다는 오히려 언론인들이 자유주의적 입장을 공개적으로 수용함으로써 근대 민주주의 프로젝트를 뒷받침해온 포함과 배제의 절차를 되짚는 힘든 여정이 시작될 수 있다. 자유민주주의 절차상 적법한 유권자로 간주되는 것은 누구이고, 배제되는 것은 누구인가? 배제된 자들은 주로 역사적으로 소외되고 억압받아온 공동체다. 이 공동체에 속한 엘리트들도 배제되어온 것은 마찬가지다. 저널리즘의 자유주의에 대한 헌신이 배가된다면 엘리트의 대표성도 더불어 확대될 것이고, 결과적으로 지금까지와 비교했을 때 더 많고 더 다양한 유권자를 위해 민주주의가 작동할 수 있다. 다시 말해, 저널리즘이 우선시할 엘리트는 더 이상 고위직이 아닌 역사적으로 권리를 박탈당해온 집단의 목소리를 대변하는 이들일 테고, 따라서 뉴스가 전하는 목소리, 염려, 사회구조는 확장될 수 있다. 저널리즘 신전의 엘리트 멤버십은 더 개방적이고 공평한 기준에 따라 운영될 것이다.

당연하게 여겨온 것에 대한 이 논의를 저널리즘 제도의 작동에 있어서 규범이 수행하는 역할 차원으로 이어가보자. 저널리즘 규범을 효과적으로 개혁하고자 한다면 언론인들은 우리가 3장에서 규명한 부적실성의 삼위일체를 해결하는 데 초점을 맞춰야 한다. 즉, 북반구 자유민주주의 국가, 특히 강대국을 넘어서기 위해 "누가 중요하냐"의 문제를 협소하게 정의하는 경향을 극복해내야만 한다. 그러기 위해서 언론인들은 포용성, 사회정의, 코스모폴리타니즘cosmopolitanism* 등의 대안적 규범을 수용해야 한다.

대안적 규범으로서의 포용성은 기자와 편집자들이 기사를 전하고 그 기사의 프레임을 선택할 때, 그리고 어떤 정보원을 포함시킬지 결정할 때 포용을 위해 노력하기를 요구한다. 포용성이란 현대사회를 구성하는 각양각색의 사람들의 목소리를 그들의 복잡성을 평준화하지 않으면서 전달하는 저널리즘을 뜻한다. 이는 마크 피시먼Mark Fishman이 1980년에 관료적으로 조직된 저널리즘과 관련해 밝혀낸 바 있는 세계관과는 상당히 거리가 있다.** 광범위한 사회 구성원들, 특히 소외되고 억압받는 이들은 그 세계의 표적 집단에서 제외

---

* 일반적으로 인종, 민족, 국가 등을 초월하여 전 인류를 똑같은 의무와 권리를 갖는 평등한 세계시민 혹은 동포로 보는 입장이나 태도를 의미한다.

되어왔다. 우리가 제안하는 포용성은 필연적으로 소외되고 억압받는 사람들을 포함한다. 사회적으로 눈에 띌 기회를 갖지 못한 것, 그리고 그렇게 해줄 조직의 부재는 그들이 권리를 빼앗긴 이유 중 하나다. 전통적인 주류 언론의 규범적 구조가 일상적으로 시야로부터 밀어내는 것들을 명확하게 가시화하고자 하는 노력이 바로 포용의 저널리즘이다.

포용의 역학을 바탕으로 개혁된 저널리즘은 사회정의를 21세기의 필수 규범으로 받아들일 수 있다. 그레고리 베이트슨Gregory Bateson의 정보에 관한 정의인 "변화를 만들어내는 변화a difference which makes a difference"(1972, 465)를 의역하자면, 사회정의를 수용하는 저널리즘은 역사적으로 스스로 변화할 기회를 갖지 못한 사람들의 생활 조건을 변화시키는 정보의 공유를 궁극적인 목표로 삼는 저널리즘이다. 다시 말해, 사회정의의 규범은 지면에 싣기 적합한 뉴스보다는 변화를 일으키는 뉴스의 보도를 우선시하고 제도적 형태의 불의에 대해 오랫동안 눈감으면서 현상 유지에 기여해온 언론 조직들을 개혁을 위한 플랫폼으로 전환한다.

또한 언론인들은 코스모폴리타니즘을 직업적 규범으

** 마크 피시먼은 1980년에 출판된 책 《뉴스 제작Manufacturing the News》에서 기자들의 뉴스 제작 관행, 특히 정치인, 관료 등 엘리트 정보에 의존하는 관행이 뉴스 주제와 내용에 영향을 미치고, 그런 뉴스를 일상적으로 생산해냄으로써 언론이 관료제적 현실 유지에 기여하고 있다는 사실을 드러냈다.

로 받아들여야 한다. 미국 기업의 이익을 위한 가면 역할을 하는 자본 중심의 세계화 혹은 특정 장소나 공동체에 뿌리를 두지 않은 사람들을 위해서만 임무를 다하는 저널리즘으로 코스모폴리타니즘을 이해해서는 안 된다. 여기서 코스모폴리타니즘은 낯설거나 멀리 떨어져 있다고 여겨온 장소에서 뉴스가 어떻게 만들어지는지 호기심을 갖는 저널리즘, 뉴스 관련 일을 제대로 하는 방법 혹은 가장 잘하는 방법이 오직 하나뿐이라고 생각하지 않는 저널리즘, 시대에 뒤떨어진 규범에 마치 부채가 있는 것처럼 굴지 않고 오늘날의 정치적 상황에 알맞은 관행을 배우고 채택하는 저널리즘을 말한다. 저널리즘 규범의 코스모폴리타니즘 측면에서의 개혁은 국가 내에서 그리고 국가를 가로질러 다름을 포용하고 그 과정에서 배워나가는 과정이다.

마지막으로, 수용자와의 관계를 개혁하기 위해 저널리즘은 저널리즘이 원하는 곳이 아니라 수용자가 있는 바로 그곳에서 그들을 만나야 한다. 단순히 정보를 흡수하기 위해 그러는 척하는 게 아니라 오늘날 수용자의 뉴스 관련 의례에 직접 참여해야 한다. 지금까지는 가정에 불과했던 관계 맺기 방식을 그와 적합하지 않을 수도 있는 수용자에게까지 확장해서 적용해야 한다. 뉴스의 객관성이란 원래 그런 거라면서 사건에 대한 냉정한 설명만 계속 제공하는 대신, 머리로 해석하는 것만큼 마음이 전하는 소리에도 귀를 기울여 기사를 써야 한다. 저널리즘은 국가 등 정치체가 대의를 명목으로 다른 이들을 희생시키면서 오랫동안 특정 집단이 선호해온 인간미 없는 이상을 우선순위에 두는 대신, 살아온 경험의 차이를 인정하고 사회적 유대 관계를 삶의 맥락과 네트워크의 근본으로 인식한다는 점을 표명해야 한다.

우리는 언론인들이 수용자를 지금보다 더 진지하게 받아들이는 것이 얼마나 큰 변화를 가져올 것인지에 대해 논의한 바 있다. 이는 20세기 저널리즘의 대부분이 수용자와의 기능적 거리 유지를 "전문성"의 본질로 보았다는 사실에서 비롯한다. 전문성을 이런 식으로 판단함으로써 언론인들은 외부인의 선호를 신중하게, 의도적으로 배제할 수 있었다. 수용자는 언론인의 "의뢰인client"이었고, 다른 전문인과 의뢰인 사이의 관계와 유사하게 수용자는 언론인과의 관계 속에서 자신이 무엇을 원하는지, 무엇이 자신에게 유익한지 알지 못했다. 수용자가 원하는 정보가 아닌, 필요한 정보를 제공하는 것이 바로 기자의 직무였던 것이다.

수용자가 갑자기 선택 의지와 능력을 갖게 되면 저널리즘의 전문성은 어떻게 살아남을 수 있을까? 전문 분야로서의 저널리즘이라는 개념 자체가 사라지진 않을까? 여기에서 개괄하고 있는 개혁 경로를 따른다면, 그렇게까지 되지는 않을 것이다. 이 혼란은 부분적으로 의뢰인 기반 전문성 모델에서 비롯한다. 이 모델은 유서 깊은 전문직군인 의학계와 법조계를 모방하려고 한다. 그러나 모든 전문직 종사자가 수용자에게 설교하거나 가르치듯 말하는 것은 아니다. 음악가, 예술가가 대표적인 예이고, 창작직군에 속한 전문인은 대부분 그렇다. 어쩌면 언론인은 이제 스스로를 변호사나 의사보다는 재즈 뮤지션, 배우, 댄서, 시각 예술가처럼 생각하기 시작해야 할지도 모른다. 재즈 뮤지션 중 누구도 공연할 때 청중을 고려하지 않는다는 식으로 말하지 않는다. 하지만 이게 그들의 전문성을 떨어뜨리는가? 전혀 아니다. 저널리즘을 이런 식으로 생각하는 것이 도움이 될 수 있다.

궁극적으로 저널리즘은 수용자와의 재구성된 연결 속에서 사회정의를 뒷받침할 변화를 모색해야 한다. 이는 저널리즘 신뢰의 기반이 될 것이다. 계속해서 추상적 가치를 좇는다면 공정함이라는 겉치레하에서 한때 존경받았던 제도에 대한 불신이 고조되고, 근대성 프로젝트라는 몽상만 커져갈 것이다. 사회정의의 증진을 위해 수용자와의 관계 개혁은 불의를 일화적인 상황이 아닌 조직적인 현상으로 묘사하고, 불평등을 초래하는 근본적인 조건을 전면에 내세우고, 불의와 불평등의 발생을 단순히 목격하는 데 그치기보다는 그 상황을 수정하기 위한 구체적인 방법을 모색하는 데 중점을 두어야 한다.

혁명 노선

두 번째 대안을 고려해보자. 저널리즘 개혁도 가치 있는 길이지만, 그 길에 요구되는 점진적인 단계를 우회할 수 있는 또 다른 길이 있을 수 있기 때문이다. 바로 혁명적 길이다. 현대의 제도는 비폭력 혁명의 개념조차 쉽게 받아들이지 않지만, 사람들이 "휘장과 명성, 거대한 사회와 죽은 제도"에 쉽게 매달리고 굴복하는 것이 얼마나 부끄러운지 인정했던 랠프 월도 에머슨Ralph Waldo Emerson(1967[1841], n.p.)처럼, 저널리즘이 계속해서 사회적 적실성을 가지려면 아무런 제약 없는 쇄신 속에서 답을 찾아야 할 수도 있다.

개혁 경로의 주된 추진력이 암묵적인 것에서 명시적인 것으로, 배제적인 것에서 포괄적인 것으로 자유민주주의를 이동시키는 데 있다면, 혁명 경로는 저널리즘의 상상을 어지럽힌 자유민주주의의 여러 감춰져 있던 차원과 파생물을 끄집어내어 세상에 공개하는 것과 관련이 있다. 바람직한 저널리즘이 어떤 모습일 수 있는지에 대한 특정 가정이 정정되지 않은 채 지속한 데에는 자유민주주의의 역할이 컸다. 하지만 혁명적 관점은 저널리즘을 불필요하게 협소한 위치에 머무르게 만든 책임이 바로 자유민주주의에 있다고 주장한다. 민주주의는 살아남기 위해 저널리즘이 필요하지만, 저널리즘은 자유주의적이든 비자유주의적이든 어떤 유형의 민주주의의 도움 없이 여러 형태로 증식할 수 있다.

　자유민주주의의 기본 가정에 도전함으로써 해방적인 정치 해결책을 다채롭게 모색할 수 있다. 이러한 정치적 실천들은 현장의 언론 실천에 혼합됨으로써 저널리즘 제도의 작동에 반영된다. 반권위주의 상황에서의 다양한 실천, 민주화과정에서의 실험적인 시도, 현존하는 언론직에 대한 고집스러운 열망과는 전혀 다른 창조적인 저항 행위, 정착민-식민주의에 대한 대안 등이 그 예이다. 이러한 다양한 실천이 작동 조건으로 통합된다면 저널리즘 제도는 자유민주주의의 사고방식이 선도해온 것보다 더 완전한 레퍼토리를 만들어갈 수 있다. 검열, 불처벌,* 부패, 공모 등의 관행은 물론 인종차별, 동성애혐오, 성차별, 여성혐오, 계급주의를 포함한 각종 억압과 차별에 대한 투쟁으로 활력을 얻는 직업적 지형을 구축할 수 있다. 가능성의 판도를 넘어, 현장에서의 저널리즘 실천은 자유민주주의에 달라붙어 있는 욕망과는 전혀다르게 전개될 것이다. 그러한 실천은 이미 세계 도처에 존재하는데, 저널리즘은 바로 그 세계를 통해 사회적 적실성을찾아나가야 한다.

　혁명 경로를 분장扮裝처럼 생각해보자. 이는 무엇이 잘못

---

*　　형벌에 처하지 않음을 의미하는 불처벌은 국제법상으로는 명백한 범죄 행위, 예컨대 대량학살, 반인도적 범죄, 전쟁 범죄, 고문, 납치에 대하여 국가가 처벌을 태만히 하는 경우를 말한다.

되었는지 혹은 혁명이 왜 갑자기 매력적인 해결책이 되었는지 등에 관한 모든 세부 사항을 생각할 필요 없이 새롭게 시작할 수 있는 기회를 제공한다는 측면에서 유용한 메타포다. 자유민주주의가 어떻게 저널리즘의 지향점, 관행의 일부가 되었는지는 지금 집중해야 할 문제가 아니다. 지금 살고 있는 이 세상에서 저널리즘을 사회와 재결합시키는 것. 우리의 관심사는 여기에 있다. 저널리즘과 사회의 접점, 즉 엘리트, 규범, 수용자 각각의 인터페이스는 현장에서의 뉴스 제작 실천, 민주주의와 자유주의가 얼마나 강성한지와 무관하게 실제로 존재하는 행위에 기반을 둔 대안적인 미래를 상상할 수 있게 해준다.

저널리즘 재설정의 종착역으로서 혁명을 향해 선회한다면, 언론인들은 엘리트에 대한 의존과 규범에 대한 존중에서 벗어나야 하고, 또한 수용자로부터 구분되고자 했던 태도에 이의를 제기해야 한다. 다시 말해, 혁명을 수용하려면 혁명이 일어나지 않게 만든 모든 조건을 근절해야 한다. 자유민주주의적 사고방식, 그리고 그 사고방식에 동력을 제공하는 엘리트, 규범, 수용자와의 관계는 저널리즘이 절제된 제도적 감수성을 갖게 한다. 그러나 혁명이 성공하려면 저널리즘의 인터페이스로서의 엘리트, 규범, 수용자는 사라져야만 한다. 그 대신 언론인들은 자신의 관행을 더 깊이 이해해야 하며, 또 그것을 어떤 식으로 급진적 변화를 위해 활용할 수 있을

지 고민해야만 한다.

엘리트 측면부터 살펴보자. 엘리트에 대한 반란은 그들의 실패를 고스란히 인정할 것을 요구하는데, 이는 엘리트가 여전히 가지고 있는 가치에 큰 부담을 줄 수 있다. 엘리트는 때때로 다른 사람들의 인정 덕에 존재한다. 사회, 집단, 조직, 심지어 개인까지도 일상적으로, 그리고 의례적으로 지위와 권력을 인정해주기 때문에 엘리트는 지배력을 유지하고, 또 이를 대물림한다. 그러나 그들은 보이는 것보다 더 불안정하다. 영국의 타블로이드 신문과 왕실 사이의 공생 관계에 관한 메건 마클Meghan Markle*의 폭로를 생각해보라. 마클의 반격은 군주제 주변에 오래도록 존재해온 예의범절과 앞뒤 생각 없이 이를 유지하는 데 기여해온 저널리즘의 역할을 뒤흔들었을 뿐만 아니라, 관련 엘리트들의 대화, 행동, 의사결정이 얼마나 비전문적이면서도 전략적이며, 근본적으로 반도덕적이었는지 드러냈다.

저널리즘이 엘리트의 권위에 도전하고 엘리트가 무의미하다고 선언하면 어떻게 될까? 엘리트를 지워낼 방안은 있는가? 엘리트의 역할을 그들이 하는 것보다 더 제대로 이행

---

* 미국의 전직 배우인 메건 마클은 영국의 왕자 해리와 2018년 결혼하면서 영국 왕가의 일원이 되었다. 그러나 2021년 1월 이 부부는 왕실 공식 업무에서 물러날 계획을 발표한 뒤 미국으로 이주했고, 같은 해 3월 영국 왕실에서 생활할 당시 벌어진 갈등 등 뒷이야기를 미국 CBS에 출연하여 폭로했다.

할 수 있는 제도적 조정을 통해 그들을 대체한다면? 개혁 경로를 통해 개발될 메커니즘이 역사적으로 권리를 박탈당하고 소외되어온 집단의 엘리트를 본격적으로 포함시키는 식이라면, 혁명 경로는 엘리트가 전혀 없는 저널리즘을 상상하라고 명한다.

엘리트가 없는 그곳에서는 언론인, 정보원, 수용자가 더 공평하고 직접적인 관계를 맺을 수 있다. 사실, 엘리트 없는 저널리즘은 저널리즘 학계가 수행해온 여러 연구 결과들을 직조해낸 아이디어다. 뉴스 제작에 영향을 미쳐온 기술적 진보는 그 전조였으며, 사회정의 운동이 만들어낸 강력한 원동력이 무엇이 뉴스로서 중요한지에 대하여 의문을 품게 하는 등 마중물 역할을 했다.

엘리트 지우기는 언론계 내부에서 먼저 시작해야 한다. 언론인 사이에서 부를 공평하게 배분하는 것은 제한적이나마 오늘날 뉴스룸을 괴롭히는 여러 층위의 불안정성을 없애는 데 도움이 될 것이다. 내부적인 인종차별, 계급차별, 성차별, 정착민-식민주의, 자민족중심주의, 비정규직 노동은 대체가 필요한 편견과 불평등의 일부에 불과하다. 뉴스룸에서의 연대, 온갖 위험과 위협을 없애기 위한 공통의 모색은 이때에야 가능하다. 뉴스룸에 엘리트가 없다면, 뉴스 관련 직무의 수행과 그 직무에 대한 접근에 있어서 포용적이고 공평하며, 다양한 조건을 상상하고 수용하려는 경향이 더 커질 것이다. 최근 템플대학의 연구원들은 펜실베이니아주 필라델피아 소재 일간지인 《필라델피아인콰이어러》의 다양성과 포괄성 측면에서의 문제를 조사해 감사 결과를 내놓았다.[*] 정보원 역할을 하는 엘리트들과 뉴스룸 및 뉴스 내용의 다양성 부족 사이에 상관관계가 있다는 놀라운 결과였지만 미국의 언론계는 침묵했다. 저널리즘 재설정은 다양성을 전제하는 뉴스룸이 늘어나 다양한 정보원의 목소리에 기반한 뉴스가 되풀이되어 생산될 때에야 가능해진다. 이로써 현장의 시위대는 그들을 제지하는 경찰관만큼 목소리를 낼 수 있을 것이다. 상상 속의 수용자 구성은 실제 대중의 구성만큼이나 완전히 다양해야 한다.

엘리트와 마찬가지로, 규범도 혁명 속에서 내쫓길 것이다. 중용, 균형, 객관성에 의해 방해받지 않는 뉴스 환경을 상상해보라. 말도 안 되는 소리로 들리는가? 그렇지 않다. 여러 측면에서 우리는 이미 그러한 뉴스 환경에서 살고 있다. 단, 대세가 되게 하려면 그 환경을 사회가 인정하게 만들 필요가 있다. 자유주의 세력과 반자유주의 세력이 전 세계 여러

---

[*] 《필라델피아인콰이어러》는 2020년에 뉴스룸 및 뉴스 내용 다양성 재고를 위한 감사를 진행했다. 독립 감사를 진행한 템플대학 연구원들은 2019년 8월부터 2020년 7월 사이에 해당 언론사가 펴낸 3000여 개의 기사, 사진, 동영상을 분석했고, 내용 분석 결과를 토대로 2020년 8월부터 11월 사이에 50여 건의 인터뷰를 진행했다. 감사 결과 보고서는 2021년 2월 10일에 발행되었다.

곳에서 규칙적으로, 그리고 체계적으로 서로를 갉아먹는 집요함을 보라. 모두 규범의 이름으로 말이다. 이 세력 간의 다툼은 대안적 가치를 향한 움직임보다는 여전히 존재할 거라고 믿어 의심치 않는 규범에 대한 열광적인 의존으로 이어진다. 트럼프 정권하에서 미국 언론이 대통령 기자회견에 저항하기를 주저한 것이 대표적인 사례다. 2016년 도널드 트럼프는 기자회견이라는 의례의 지속보다는 그곳에 참석한 기자들을 비하하는 데 더 관심이 있다는 것을 드러냈는데, 이런 상황에서도 미국의 기자들은 기자회견이라는 오래된 의례의 유용성에 매달렸다.* 이러한 사례에서 저널리즘 규범은 변화의 지렛대가 아닌 쇠퇴의 상징으로 부상한다. 자유민주주의에 대한 확고한 신념은 기자들이 욕망하는 가치를 제공할 수는 있지만, 그 가치는 현장의 조건과는 유리되어 있다.

규범은 가장 덜 규범적인 이들에게만 받아들여진다. 따라서 규범이 없는 환경에서는 상상과 갈망의 차원이 아닌 행위와 실천 차원의 대안적인 저널리즘 판단 수단을 개발할 필요가 있다. 어설프게나마 수선된 실천법이 손에 쥐어져 있다면, 규범적 기준이 아니라 바로 그 실천법이 행동 지침이 되어야 한다. 그게 아니라면 오늘날 우리가 목도하고 있는 것

---

* 2016년 당시 미국 공화당 대통령 후보였던 도널드 트럼프는 기자회견을 전략적, 적극적으로 이용하여 캠페인 효과를 극대화했다는 평가를 받는다. 미국 주류 언론은 방조자 역할을 했다는 비판을 받았다.

처럼 규범과 관행 사이의 격차가 계속 벌어져 점점 더 현실과 동떨어진, 모호한 규범이 뿌리내리게 될 것이다. 예컨대 분쟁 취재의 경우, 전시 저널리즘의 균형 및 공정성 추구라는 목표를 트라우마와 상실에 대한 훈련, 불안과 우울증 해결 방안, 육체적 지구력을 유지하기 위한 지침, 구체적인 보험 계약을 위한 교육, 다양한 비상사태에 대한 프로토콜 등 더 나은 실천을 위한 지침으로 대체할 수 있을 것이다. 총구가 겨누어진 기자에게 객관성이라는 게 얼마나 중요할까? 물, 식량, 거처를 해결하느라 정신이 없는 촬영기자에게 언론인으로서의 예의범절은 어떤 의미가 있는가? 기자, 그리고 저널리즘에는 추상적인 규범적 지침보다는 분쟁 지역 위험성 판단법에 관한 실용적인 단서를 제공하는 편이 더 적실하다.

기자 복장을 하고 있을 때 어떤 사람이 되어야 하는지를 반복적으로 상기시키는 규범이 없다면, 기자들은 취재를 시작할 때부터 사건, 주제, 사람들과 더 직접적인 관계를 맺을 수 있다. 호기심, 임기응변, 탐험심, 지략 등은 실천법 개발을 암시해주는 신호들인데, 이것들도 쇠퇴해가는 규범을 대체할 수 있다. 이 신호를 활용하고자 하는 충동은 흔히 신진 기자가 직업 정체성을 갖게 하는 데에는 도움이 되지만 기자 생활을 오래하다 보면 흐릿해진다고 알려져 있다. 규범에 의한 제약이 없다면, 이러한 언론직의 초기적 가치들이 재조명

되어 직업적 사고방식의 전면에 자리할 수 있을 것이다. 취재와 보도의 실제 조건의 현실화는 현재 당연하다고 여겨지고 일반적으로 시행되는 규범에서 손을 떼는 것을 의미한다.

규범에 대한 혁명적 관점은 저널리즘의 최고의 성과 중 일부가 기자들이 마땅히 해야 할 것을 하지 않았을 때, 하지만 본질적으로는 바로 그 규범에 도전했을 때 비로소 빛을 발할 수 있었다는 점을 상기시켜준다. 미국의 워터게이트 사건 보도, 아시아와 라틴아메리카의 환경정의 관련 르포르타주,* 80개국 언론인들의 협업 취재 결과물인 '파나마 페이퍼스Panama Papers'** 보도를 생각해보라. 규범이 없는 저널리즘은 기자로 하여금 아직 가보지 않은 지역을 신나게 모험하게 만들 수 있다. 저널리즘은 언제나, 또는 적어도 어느 정도는 이단아와 함께 존재해왔다는 사실을 감안한다면, 뉴스 제작에 있어서 악당이 됐다고 해서 진짜 몹쓸 짓을 한 사람처럼

---

*   1980년대 중반 즈음부터 라틴아메리카 및 아시아 일부 지역에서는 토착민들을 중심으로 다양한 형태의 환경정의 운동이 전개되고 있다. 특히 라틴아메리카 토착민들은 초국적 농업 기업, 수력 발전 프로젝트, 광산업 기업 등과의 투쟁에서 실험적인 형태의 다큐멘터리 영화를 활용해왔다. 이 르포르타주 형식의 영화들은 현장의 역사를 기록하고, 자본의 인권 침해와 환경 파괴를 고발하는 역할을 했다.

**   국제탐사보도언론인협회International Consortium of Investigative Journalists; ICIJ가 폭로한 파나마 최대 로펌 모색폰세카가 보유한 1150여만 건의 비밀문서다. 이 문서 더미에는 정치인, 관료, 왕족, 유명 운동선수, 연예인 등 전 세계 부유층이 어떻게 세무조사를 피해 재산을 은닉했는지에 대한 정보가 담겨 있었는데, 이 내용은 전 세계 400여 명의 기자로 구성된 국제 협업 취재팀의 장기간의 탐사보도로 폭로되었다. 한국에서는 '한국탐사저널리즘센터-뉴스타파'가 참여했다.

취급할 필요가 있을까?

엘리트, 규범과 마찬가지로, 인터페이스로서 수용자도 지금의 상황으로부터 떨어져 나가야 한다. 수용자라는 단어는 뉴스를 만드는 사람과 뉴스를 소비 혹은 사용하는 사람 사이의 구별을 전제로 한다는 점에서 "타자"를 만들어낸다. 근래 저널리즘이 수용자에게 더 폭넓은 참여를 강조하는 방향으로 발전하고 있지만, 여전히 뉴스 제작자와 뉴스 이용자 간의 근본적인 차이에 기반을 두고 모든 선택이 이루어진다.

이러한 차별화를 없애야 언론인은 마침내 자신이 선택한 공동체에서 자기 자리를 가질 수 있고, 공동체 구성원으로서 언론 직무를 수행할 수 있다. 그리고 수용자 개념의 문제를 받아들여야만 언론인은 마침내 최선의 이익, 열정, 로컬의 관심사, 미래를 향한 비전에 기반을 두고 공동체를 대변하는 방법을 찾을 수 있을 것이다. 분리를 지양하고 공동체에 다시 연결됨으로써 저널리즘은 새로운 형식의 결합을 추구할 수 있고, 이는 뉴스 제작을 재정의하는 데 보탬이 된다. 이때 뉴스는 언론인, 그리고 저널리즘이 직무를 수행하는 바로 그 공동체와 불가분한 것으로서 정의될 것이다.

오늘날의 고도로 관료화한 저널리즘 세계에서 수용자와의 이별은 너무 급진적으로 보이기 때문에 그 이별을 조망하기란 쉽지 않다. 1690년 9월 24일 벤저민 해리스Benjamin Harris는 매사추세츠주 보스턴에서 《퍼블릭어커런시스: 해외 및 국내 뉴스Publick Occurrences, Both Forreign and Domestick》창간호를 발행했다. 이는 폐간호이기도 했는데, 해리스가 승인을 받지 않았다는 이유로 식민 통치자들이 발행을 금지했기 때문이었다. 총 4면으로 구성된 이 신문은 3개 면에만 뉴스 콘텐츠가 실려 있는 것이 특징이었다. 해리스는 네 번째 페이지를 의도적으로 비워두었다. 신문을 읽고 공동체 내에 유통시킬 독자들의 진가를 알아보고는 네 번째 페이지를 그들이 뉴스와 의견을 주고받는 공간으로 만들고자 했던 것이다. 이는 신문의 내용에 유기적인 특성을 부여하고, 언론사가 독자와 유리되는 경향을 완화하는 조치이다. 이로써 신문은 공동체를 위해, 그리고 상당 부분 공동체에 의해 쓰인 공동의 산물이 된다.

결국 혁명은 우리로 하여금 다소 이해하기 어려운 세계로 뛰어들게 만든다. 하지만 그 미지의 세계는 저널리즘과 관련 있는 모두와, 그리고 현상 전체와 관련 있는 곳이다. 혁명의 제안은 급진적으로 보일 수도 있다. 어쩌면 과거로 돌아가 미래를 구상하는 것이야말로 오늘날 저널리즘 혁명의 출발점일지도 모른다.

더 정의로운 세상을 위한 저널리즘

과거로 돌아가는 것은 여러 모습을 한 행위이다. 커트 보니것Kurt Vonnegut의 소설 《제5도살장》은 다음과 같은 유명한 구절로 시작한다. "들어보라: 빌리 필그림은 시간에서 풀려났다."* 보니것이 전하는 제2차 세계대전과 그 여파에 관한 이야기 속에서 주인공 빌리 필그림은 시간 여행을 할 수 있지만 그의 과거, 현재, 미래는 변하지 않는다. 혹자는 《제5도살장》에서의 시간 여행을 외계의 지적 생명체가 쓰는 잔혹한 속임수에 불과하다고 해석한다. 이 속임수 속에서 등장인물은 아무리 결과를 바꾸려고 노력하더라도 운명과 비극을 피할 길이 없다.

하지만 다른 이들은 빌리 필그림의 시간과의 관계를 그의 뿌리 깊숙이 남아 있는 트라우마의 경험으로 본다. 시간의 순서가 뒤죽박죽되며 일련의 사소한 행동이 반복적으로 실행되도록 강요받는 이 경험의 반복은 일상적이면서 부적절하고, 비생산적이면서 구속적이다. 과거를 회상하는 한 가

---

*   1969년 출간된 미국의 소설가 커트 보니것의 《제5도살장》에서 가져온 문장. 2장의 첫 문장이다. 1장은 소설을 집필하는 과정을 다루는 이야기이므로 실질적인 시작은 2장부터라고 봐야 한다. 이 소설의 주인공인 빌리 필그림은 제2차 세계대전에 참전하여 드레스덴 폭격을 경험하고, 이후 검안사로 살다가 비행기 사고로 뇌수술을 받은 뒤 그 후유증으로 시공간을 멋대로 이동한다. '필그림'에는 '순례자'라는 뜻도 있다.

지 방법으로서 트라우마는 그것이 닿는 모든 것에 흔적을 남긴다. 그 찌꺼기는 일시적으로 만들어져서 당사자를 외상적 경험의 시간에 고정하는 동시에 다른 시점을 시야에서 밀어낸다. 그렇게 트라우마는 지금 이 순간 현장에 존재하는 것을 손에 쥐기 어렵게 만든다. "풀어진" 시간 속에서는 이유 없는 삶, 공상에 잠긴 존재, 상상에 좌우되는 비현실적인 현실이 뚜렷해진다.

오늘날 저널리즘은 시간에서 풀려나 있다. 그리고 상상 속에서의 조건과 현장에서의 조건이 분리되면서 그 존재가 쇠퇴해간다. 이 선언서는 저널리즘이 지난날의 주문을 생각 없이 반복적으로 외고 있는 모습을 보여줬다. 명백해 보이는 해결책이 있을 때조차 친숙함이라는 기본적인 욕구를 따른 것이다. 전성기에는 그러한 주문이 빈약하게나마 언론인들 사이에서 변화를 촉진하기도 한다. 그러나 최악의 상황, 언론 제도의 생존을 위해 변화가 절실히 필요한 그때에 이 주문에는 저널리즘이 변화를 지향하게 할 만한 능력이 없다.

보니것의 소설에서 시간 여행을 하는 주인공처럼, 저널리즘은 오랫동안 엘리트, 규범, 수용자와의 상호작용을 촉진해온 현장의 조건에 얽매이지 않게 됐다. 그리고 이 상황 속에서 언론인들은 마치 나침반을 잃은 것처럼 무엇이 진정으로 중요한지를 가늠하지 못하고 있다. 저널리즘은 사회적, 정치적, 문화적 의의를 상실했다. 마땅히 그래야 하는 것보다는 물론, 언론계에서 스스로 생각하는 것보다 훨씬 더 사회와 무관해졌다. 저널리즘은 또한 무엇이 잘못되었는지, 어떻게 해야 달라질 수 있을지 재고해야 하는 상황에 놓이게 됐다. 물론 이 재고는 언론인들이 상황을 직시해야만 시작될 수 있다.

저널리즘은, 그리고 언론인들은 반드시 그렇게 해야 한다. 트라우마의 존재를 인식하기 시작한 바로 그때부터 치료를 향한 길은 항상 존재해왔다. 프로이트는 트라우마에서 벗어나 회복을 향해 가는 도구로서 반복강박에 주목했는데, 이는 저널리즘의 궁극적인 변화에 한 줄기 빛이 될 수도 있는 통찰이다. 늘 그렇지는 않지만, 트라우마의 영향력은 적응되고 완화되며 때로는 통제될 수 있다. 그러나 그 지점에 도달하려면 먼저 그 영향력을 인정하고 명명하고 이해해야 한다.

왜 지금과 같은 위기에 봉착하게 됐는지, 그리고 궁극적인 해결책에는 무엇이 있는지. 저널리즘이 이를 스스로 인식하고 명명하고 이해할 수 있다면, 우리에게 변혁이 닥칠지도 모른다. 이 선언서의 마지막 장은 저널리즘이 현대 환경에서 정치적, 사회적 공명을 회복하는 데 도움이 될 수 있는 개혁적 전략과 혁명적 전략에 관해 논의했다. 재결합, 더 생동감 있는 보니것의 표현을 빌리자면 '얽매임stuckness'이야말로 저널리즘의 탈출구일 수 있다. 이 선언서는 저널리즘이 실제로 다시 얽매일 방법을 제시했다. 저널리즘은 지금-여기에 완전히 사로잡혀야 한다. 그때에야 오래전에 폐기했어야 할 찌꺼기를 떠나보낼 수 있을 것이다. 언론인들이 모두를 위해, 하지만 특히 오랫동안 주변부에서 뉴스를 읽고 보고 들어온 소외된 공동체를 위해 더 정의로운 세상을 만들어가는 길에 이 선언서가 제안한 노선이 도움이 되길 바란다.

그리고 그렇게, 저널리즘은 계속된다.

참고문헌

Askanias, Tina and Hartley, Jannie Moller (2019, September). "Framing Gender Justice: A Comparative Analysis of the Media Coverage of #MeToo in Denmark and Sweden," *Nordicom Review* 40 (2), 19.36.

Bateson, Gregory (1972). *Steps to an Ecology of Mind*. New York: Chandler Publishing Company.

Bennett, W. Lance (1990). "Toward a Theory of Press. State Relations in the United States," *Journal of Communication* (Spring 1990), 103.25.

Bennett, W. Lance, Lawrence, Regina and Livingston, Steven (2007). *When the Press Fails: Political Power and the News Media from Iraq to Katrina*. University of Chicago Press.

Callison, Candis and Young, Mary Lynn (2020). *Reckoning: Journalism's Limits and Possibilities*. New York: Oxford University Press.

Carey, James W. (1992 [1988]). *Communication as Culture: Essays on Media and Society*. New York: Routledge.

Cobb, Jelani (2020, December 4). Conference remarks given at "Black Media Makers and the Fierce Urgency of Now," Annenberg School for Communication at the University of Pennsylvania, Philadelphia.

Colyvas, Jeannette and Powell, Walter (2006). "Roads to Institutionalization," *Research in Organizational Behavior* 27, 305.53.

Connell, Raewyn (2002). *Gender*. Cambridge: Polity.

Coronel, Sheila (2020, June 16). "This Is How Democracy Dies," *The Atlantic*: www.theatlantic.com/international/archive/2020/06/maria-ressa-rappler-philippines-democracy/613102.

Crouse, Timothy (1973). *The Boys on the Bus*. New York: Random House.

Crowley, Michael, Jakes, Lara and Sander, David E. (2019, November 9). "How the State Dept.'s Dissenters Incited a Revolt, Then a Rallying Cry," *The New York Times*: www.nytimes.com/2019/11/09/us/politics/impeachment-state-department.html.

Darnton, Robert (1975). "Writing News and Telling Stories," *Daedalus* 104 (2), 175.94.

Deuze, Mark (2005, November). "What Is Journalism? Professional Identity and Ideology of Journalists Reconsidered," *Journalism: Theory, Practice and Criticism* 6 (4), 442.64.

Durkheim, Emile (1982 [1893]). *The Division of Labor in Society*. New York: The Free Press.

Durkheim, Emile (2014 [1895]). *The Rules of Sociological Method*. New York: Simon and Schuster.

Economist Intelligence Unit, The (2020). "Democracy Index 2020: In Sickness and In Health": www.eiu.com/n/campaigns/democracy-index-2020.

Emerson, Ralph Waldo (1967 [1841]). *Self-Reliance. White Plains*, NY: Peter Pauper Press.

Fidler, Roger (1997). *Mediamorphosis: Understanding New Media*. Thousand Oaks, CA: Pine Forge Press.

Fishman, Mark (1980). *Manufacturing the News*. Austin: University of Texas Press.

Fourie, Pieter J. (2008). "Ubuntuism as a Framework for South African Media Practice and Performance: Can It Work?" *Communicatio* 34 (1), 53.79.

Freud, Sigmund (1958 [1914]). "Remembering, Repeating and Working Through," in James Strachey (ed.), *The Standard Edition of the Complete Psychological Works of Sigmund Freud* (Vol. XII). London: Hogarth Press, 145.56.

Gans, Herbert (1979). *Deciding What's News: A Study of CBS Evening News, NBC Nightly News, Newsweek, and Time*. New York: Random House.

George, Cherian (2016). *Hate Spin*. Cambridge, MA: The MIT Press.

Giddens, Anthony (1984). *The Constitution of Society*. Cambridge: Polity.

Goffman, Erving (1955). "On Face-Work: An Analysis of Ritual Elements in Social Interaction," *Psychiatry: Journal for the Study of Interpersonal Processes* 18,213.31.

Hall, Stuart (1973). "The 'Structured Communication' of Events" (discussion paper). University of Birmingham: www.birmingham. ac.uk/Documents/college-artslaw/history/cccs/stencilled-occasional-papers/1to8and11to24and38to48/SOP05.pdf.

Hallett, Tim and Ventresca, Marc J. (2006, April). "Inhabited Institutions: Social Interactions and Organizational Forms in Gouldner's Patterns of Industrial Bureaucracy," *Theory and Society* 35 (2), 213.26.

Hallin, Daniel (1989). *The Uncensored War: The Media and Vietnam*. Berkeley: University of California Press.

Hamilton, James T. (2004). *All the News That's Fit to Sell*. Princeton University Press.

Hanitzsch, Thomas, Hanusch, Folker, Ramaprasad, Jyotika and de Beer, Arnold S. (2019). *Worlds of Journalism: Journalistic Cultures Around the Globe*. New York: Columbia University Press.

Hughes, Everett C. (1936, April). "The Ecological Aspect of Institutions," *American Sociological Review* 1 (2), 180.9.

Jackson, Sarah J. (2018). *Black Celebrity, Racial Politics and the Press*. New York: Routledge.

Kovach, Bill and Rosenstiel, Tom (2014 [2001]). *The Elements of Journalism* (3rd edition). New York: Three Rivers Press.

Lippmann, Walter (1922). *Public Opinion*. New York: Harcourt, Brace and Co.

Lowery, Wesley (2020, June 23). "A Reckoning Over Objectivity, Led by Black Journalists," *The New York Times*: www.nytimes. com/2020/06/23/opinion/objectivity-black-journalists-coronavirus. html.

Lugo-Ocando, Jairo (2020). *Foreign Aid and Journalism in the Global South*. London: Lexington Books.

Mabogunje, Akin L. (2000, December 5). "Institutional Radicalization, the State, and the Development Process in Africa," *PNAS* 97 (25), 14007.14.

Matthews, Julian and Onyemaobi, Kelechi (2020). "Precarious Professionalism: Journalism and the Fragility of Professional Practice in the Global South," *Journalism Studies* 21 (13), 1836.51.

Mellado, Claudia (ed.) (2020). *Beyond Journalistic Norms*. London: Routledge.

Mitchelstein, E., Boczkowski, Pablo and Andelsman, Victoria (2019). "Whose Voices are Heard? The Byline Gender Gap on Argentine News Sites," *Journalism: Theory, Practice and Criticism*: https://journals.sagepub.com/doi/10.1177/1464884919848183.

Monroe, Bryan and Wentzel, Andrea (2021, February 12). *The Philadelphia Inquirer 2020 Diversity and Inclusion Audit*. Philadelphia, PA: Temple University Klein College of Media and Communication: https://drive.google.com/file/d/1MJB8IaP4MC_kpP47ZGsVo5y1cAR3VByR/view.

Nerone, John (2012). "The Historical Roots of the Normative Model of Journalism," *Journalism: Theory, Practice and Criticism* 14 (4), 446.58.

Newman, Nic (2020). *Executive Summary and Key Findings of the 2020 Report*. Reuters Institute for the Study of Journalism: www.digitalnewsreport.org/survey/2020/overview-key-findings-2020.

Parsons, Talcott (1951). *The Social System*. Glencoe, IL: The Free Press.

Pew Research Center (2020, July 14). "About Half of All Digital Display Advertising Revenue Goes to Facebook, Google": www.pewresearch.org/ft_20-07-10_digitalnative_feature_new.

Picard, Robert and Brody, Jeffrey (1997). *The Newspaper Publishing Industry*. Boston: Allyn & Bacon.

Reese, Stephen D. (2021). *The Crisis of the Institutional Press*. Cambridge: Polity.

Searle, John (1969). *Speech Acts*. Cambridge University Press.

Siavelis, Peter (2016). "Crisis of Representation in Chile? The Institutional Connection," *Journal of Politics in Latin America* 8 (3), 61.93.

Simmel, Georg (1955). *Conflict and the Web of Group Affiliations*. New

York: The Free Press.

Squires, Catherine R. (2014). *The Post-Racial Mystique: Media and Race in the Twenty-First Century*. NYU Press.

Swidler, Ann (1986, April). "Culture in Action: Symbols and Strategies," *American Sociological Review* 51 (2), 273.86.

Swidler, Ann (2013, August 22). YouTube interview, University of California at Berkeley, Sociology: www.youtube.com/watch?v=8Oc7adxa1_w.

Tandoc, Edson and Jenkins, Joy (2017, August). "Journalism Under Attack: The Charlie Hebdo Covers and Reconsiderations of Journalistic Norms," *Journalism: Theory, Practice and Criticism* 20 (9), 1165.82.

Taylor, Charles (2004). *Modern Social Imaginaries*. Durham, NC: Duke University Press.

Tuchman, Gaye (1978). *Making News*. New York: The Free Press.

Ulanovsky, Carlos (2005). *Paren las rotativas: Diarios, revistas y periodistas (1920-1969)*. Buenos Aires: Emece.

Vonnegut, Jr., Kurt (1969). *Slaughterhouse-Five, or the Children's Crusade*. New York: Delacorte Press.

Wahutu, James (2019). "Western Journalists, Learn from Your African Peers," NiemanLab Predictions for Journalism 2020: www.niemanlab. org/2019/12/western-journalists-learn-from-your-african-peers.

Waisbord, Silvio (2000). *Watchdog Journalism in South America*. New York: Columbia University Press.

Waisbord, Silvio (2013). *Reinventing Professionalism*. Cambridge: Polity.

Wasserman, Herman (2018). *Media, Geopolitics, and Power*. Bloomington: Indiana University Press.

Weber, Max (1968 [1922]). "Bureaucracy," in *Economy and Society*. New York: Bedminster Press, 956.1005.

Willems, Wendy (2014). "Beyond Normative Dewesternization: Examining Media Culture from the Vantage Point of the Global South," *The Global South* 8 (1), 7.23.

Williams, Raymond (1976). *Keywords*. Oxford University Press.

옮긴이의 말

《저널리즘 선언》이라는 다소 도발적인 제목의 이 책은 근대 사회의 도래와 함께 정착된 사회적 필수 제도로서 저널리즘이 가진 결점을 시의적절하고 분명하게 폭로한다. 영미권을 대표하는 언론학자인 세 저자 바비 젤리저, 파블로 보즈코브스키, 크리스 앤더슨은 넓어져만 가는 저널리즘의 이상과 실제 사이의 간극을 파고든다. 저자들은 제도로서의 저널리즘을 지탱하는 핵심 가정인 저널리즘의 자율성, 중심성, 응집력, 영속성을 더는 당연시할 수 없다고 주장한다. 저널리즘 제도가 직면한 문제를 진단하면서 저자들은 엘리트, 규범, 수용자 등 저널리즘 제도와 사회의 접점에 주목한다. 이 책의 분석은 저널리즘이 얼마나 사회와 동떨어져 있는지, 그리고 저널리즘 영역에서의 엘리트, 규범, 수용자에 대한 오랜 집착과 오독이 어떻게 제도적 혼란을 초래했는지 드러낸다.

엘리트 측면에서의 난제는 엘리트 중심 뉴스 관행의 극복이다. 저자들은 2장에서 엘리트가 된 기자가 엘리트로부터 얻은 정보를 토대로 엘리트 수용자를 위해 뉴스를 생산한다고 꼬집는다. 미국의 트럼프나 브라질의 보우소나루처럼 민주적 가치와 이상에 역행하는 정치 지도자의 부상으로 대표되는, 이른바 '엘리트의 균열' 현상은 이 뉴스 관행이 가진 문제를 악화시킨다. 3장에서 저자들은 언론계가 금과옥조로 여겨온 규범이 환상일 뿐이라고 주장한다. 시대에 뒤떨어졌을 뿐만 아니라 현장에서의 취재 행위와 따로 놀기 일쑤인 규범에 집착하는 바람에 오늘날 언론인들은 "역사책이나 기념 회고록"에 어울리는 존재가 됐다는 게 저자들의 설명이다. 수용자 측면에서도 마찬가지다. 저자들은 4장에서 저널리즘의 상상, 아니 믿음 속 수용자와 실제 수용자의 뉴스 이용 관행은 동떨어져 있다고 말한다. 언론인들이 오랫동안 당연시해온 수용자는 더 이상 존재하지 않는다.

이 진단은 한국 언론 상황과도 무관하지 않다. 언론과 사회의 관계를 진단하는 가늠자로서 저자들이 제안한 엘리트, 규범, 수용자에 관하여 한국 언론학계와 시민사회는 대략 다음과 같이 평가해왔다.

첫째, 공적 사안에 대한 유의미한 원재료를 제공하는 정보원으로서 한국의 엘리트는 정권 참여 및 이권 공유를 도모하는 일종의 이익공동체 관계를 언론과 형성하고 있다. 그런 언론인에게 엘리트 정보원은 객관적 사실의 제공자이기보다는 '내 편' 혹은 '우리 진영' 사람이다. 따라서 엘리트가 제공한 정보는 언론인을 거치면서 자연스럽게 편향된 보도로 나타난다.

둘째, 정보원으로부터 얻은 정보의 타당성을 이해하게 해주고, 그 정보에 대한 견해를 정하여 기사를 일관된 형태로 조직하도록 돕는 규범과 관련하여 한국 언론은 근대적 전문인이 가져야 할 직업적 '책임 윤리'보다는 정치화·이념화한 '신념 윤리'에 기반한다는 지적을 받는다. 신념 윤리가 책임 윤리를 대체하는 환경에서는 규범이 불편부당하고 일관성 있게 적용되기보다는 언론인 개인의 정치적 이념에 따라 자의적으로 적용되는 경향을 보인다. 이때 규범은 기사의 객관성과 공정성을 보증하는 장치가 아닌 객관성과 공정성의 외피만 제공하는 정략적 도구로 전락한다.

마지막으로, 제공된 기사를 소비하면서 일상생활에 결합하고 사회적·정치적 활동에 관여함으로써 기사의 궁극적 의미를 생산하는 수용자와 한국 언론의 관계는 더욱 심각한 상황이다. 한국 언론은 수용자를 민주 사회 구성원으로서 정확한 정보를 제공해야 할 봉사의 대상이 아닌, 자신의 정치적·경제적 이익을 위해 적극적으로 동원해야 할 대상으로 여겨왔다. 이런 언론에 익숙해진 탓인지, 수용자들 사이에서 정치적 양극화 현상이 나타나 자신의 정치적 신념의 반대편에 선 언론을 향해 무조건적 적대적 반응을 보이는 이들이 적지 않다. 2010년대 중반 이후 대두된 이른바 '기레기'가 대표하는 반(反)언론 담론은 기자를 단순히 신뢰성 낮은 의심스러운 존재가 아니라 적극적으로 '제거' 또는 '절멸'해야 할 혐오와 폭력의 대상으로 그릴 정도다.

이처럼 한국 언론이 위기라는 것은 자명하다. 게다가 이 위기는 만연하고도 실존적이라는 점에서 더욱 문제적이다. 그런 점에서 저자들이 5장에서 제시한 개혁과 혁명, 두 노선을 눈여겨볼 필요가 있다. 저자들은 저널리즘이 개혁 노선을 따른다면 제도적 근본이자 숭앙의 대상인 자유민주주의를 뿌리에서부터 재해석한 뒤 새롭게 수용하고 실천해야 한다고 주장한다. 이 과정에는 특히 지금껏 저널리즘이 누구를 배제하고 소외시켜왔는지에 관한 반성이 반드시 포함되어야 한다. 이 엘리트 및 수용자와의 관계 재수립 과정에서 언론인들은 포용성, 사회정의, 코스모폴리타니즘을 대안적 규범으로 삼을 수 있다. 반대로 혁명 노선은 자유민주주의 그 자체에 대한 의문으로부터 출발한다. 저자들은 자유민주주의가 제한해온 저널리즘적 상상력이야말로 오늘날 저널리즘의 제도적 위기를 초래했다는 점에서 "자유민주주의의 기본 가정에 도전함으로써 해방적인 정치 해결책을 다채롭게 모색할 수 있다"고 본다. 혁명의 길은 엘리트가 전혀 없는 저널리즘, 이상적 규범을 거스르고 현장에서의 쓸모를 최우선으로 하는 저널리즘, 모두를 위한, 하지만 특히 오랫동안 주변부에서 뉴스를 읽고 보고 들어온 소외된 이들을 위한 저널리즘을 지향한다.

존폐의 기로에 선 한국 언론. 실제적인 제도가 되기 위해 한국 언론은 두 노선 중 무엇을 택할 것인가? 언론 개혁에 대한 목소리가 어느 때보다 높은 지금의 한국 언론에게는 혁명적 변화가 필요한 것은 아닌지 조심스럽게 생각해본다.

2023년 5월
신우열, 김창욱

저널리즘 선언

초판 1쇄 펴낸날 2023년 5월 22일
초판 3쇄 펴낸날 2024년 9월 27일
지은이 바비 젤리저·파블로 J. 보즈코브스키·크리스 W. 앤더슨
옮긴이 신우열·김창욱
펴낸이 박재영
편집 임세현·이다연
마케팅 신연경
디자인 조하늘
제작 제이오
펴낸곳 도서출판 오월의봄
주소 경기도 파주시 회동길 363-15 201호
등록 제406-2010-000111호
전화 070-7704-5018
팩스 0505-300-0518
이메일 maybook05@naver.com
X(트위터) @oohbom
블로그 blog.naver.com/maybook05
페이스북 facebook.com/maybook05
인스타그램 instagram.com/maybooks_05

ISBN 979-11-6873-062-5 03300

만든 사람들
책임편집 박재영
디자인 조하늘